高尔夫球运动

郭文彬 ◎ 著

首都经济贸易大学出版社
Capital University of Economics and Business Press
·北 京·

图书在版编目（CIP）数据

高尔夫球运动 / 郭文彬著. -- 北京 : 首都经济贸易大学出版社, 2025.4

ISBN 978-7-5638-3514-0

Ⅰ. ①高… Ⅱ. ①郭… Ⅲ. ①高尔夫球运动—高等学校—教材 Ⅳ. ①G849.3

中国国家版本馆 CIP 数据核字(2023)第 080454 号

高尔夫球运动
GAO' ERFUQIU YUNDONG
郭文彬　著

责任编辑　晓　云
封面设计 
出版发行　首都经济贸易大学出版社
地　　址　北京市朝阳区红庙（邮编 100026）
电　　话　（010）65976483　65065761　65071505（传真）
网　　址　https://sjmcb.cueb.edu.cn
经　　销　全国新华书店
照　　排　北京砚祥志远激光照排技术有限公司
印　　刷　北京九州迅驰传媒文化有限公司
成品尺寸　170 毫米×240 毫米　1/16
字　　数　234 千字
印　　张　15.75
版　　次　2025 年 4 月第 1 版
印　　次　2025 年 4 月第 1 次印刷
书　　号　ISBN 978-7-5638-3514-0
定　　价　68.00 元

前　言

高尔夫球运动作为一项历史悠久且充满挑战与魅力的体育项目，在全球范围内拥有广泛的爱好者与参与者。近年来，随着国家政策的积极推动以及高尔夫球运动技术的不断发展，高尔夫球运动在我国呈现出蓬勃发展的态势。在此背景下，我们编写了本教材，旨在为专业高尔夫球运动员、从事高尔夫球运动教学与训练的人员以及高尔夫球运动爱好者提供一本全面、系统、实用的参考书。

高尔夫球运动的发展离不开国家政策的支持与推动。国家体育总局等部门联合发布了多项政策文件并实施了多项举措，如发布《户外运动产业发展规划（2022—2025 年）》、实施体育旅游精品示范工程、培育“跟着赛事去旅行”品牌项目等，以推动高尔夫球运动与旅游产业的深度融合，为高尔夫球运动的发展注入新的活力。当前，高尔夫球运动在全球范围内呈现出以下发展趋势：一是高尔夫球运动人口持续增长，越来越多的年轻人开始接触并热爱这项运动；二是高尔夫球运动技术水平不断提高，运动员在比赛中展现出更加精湛的技术与战术；三是高尔夫球运动赛事体系日益完善，各级别、各类型的赛事层出不穷，为运动员提供了更多的参赛机会与挑战；四是高尔夫球运动与旅游、文化等产业的融合日益加深，形成了独具特色的高尔夫产业链。这些发展趋势不仅为高尔夫球运动的发展带来了新的机遇，也对高尔夫球运动的教学与训练提出了更高的要求。

在新时代高尔夫专业高质量发展的背景下，本教材基于对高尔夫专业人才培养的理论认知和技能培养的经验，充分考虑了高尔夫球运动教学与训练的实际需求，选取以下几个重点方向展开研究：一是高尔夫球运动的基本理论与技术原理，包括高尔夫球运动的发展历史、比赛规则、挥杆技术与原理等；二是高尔夫球运动的体能训练与心理训练，旨在提高运动员的身体素质与心理素质，为其在比赛中的优异表现奠定基础；三是高尔夫球具及其对项目的影响，分析了不同球具的特点与适用场景，为运动员选择合适的球具提供指导；四是特殊状况下的击球与处理，包括在风、雨、沙坑等特殊状况下的击球技巧与处理策略；五是高尔夫球运动损伤的预防与康复，为运动员提供科学的运动损伤预防与康复建议。

为编写本教材，海南热带海洋学院体育与健康学院牵头，邀请国内部分高校高尔夫专业的专业教师和课程负责人组建了编写团队。本教材的编写得到了刘保华（天津体育学院）、金银日（上海体育大学）、蒋书君（成都体育学院）、曹全军（南京体育学院）、李祥凤（三亚学院）等专家的悉心指导，也得到了海南热带海洋学院教务处、体育与健康学院领导的大力支持，在此表示衷心的感谢。本教材的出版得到了首都经济贸易大学出版社的大力支持与帮助。出版社的编辑人员对我们的稿件进行了认真的审阅与修改，提出了许多宝贵的意见与建议，使教材的内容更加完善、结构更加合理。

目　录

第一章 高尔夫球运动发展概述

第一节　高尔夫球运动的起源与发展

一、高尔夫球运动的起源

高尔夫球运动与众多体育活动相仿，其深植于民间，经由贵族的规范与雕琢，逐渐发展成为在全球范围内激烈竞技的体育项目，并最终广泛传播至大众之中，为所有倾心于它的人带来快乐等益处。这项运动之所以能在全球范围内风靡，正是因为它巧妙融合了亲近自然的乐趣、强身健体的效果以及游戏竞技的激情，成为一种独特的综合体验。正如高尔夫球场设计巨匠罗伯特·特伦特·琼斯所深刻洞察的那样："高尔夫球，已不仅仅是一项运动，它升华为生活的哲理，近乎成为一种信仰……时刻萦绕在我们身边，无处不在，紧密相连。"时至今日，高尔夫球运动的魅力已跨越国界，几乎触及了地球上的每一个角落，成为一种跨越文化和地域界限的神奇存在。

高尔夫球运动大约起源于 15 世纪的苏格兰，这片位于大不列颠岛北端的土地，以其三面环海的地理位置、独特的盐碱滩涂与丘陵地貌著称。这片土地上野兔非常多，它们啃食出的平坦区域被当地人亲切地称为"green"，而羊群穿梭其间形成的路径则被称为"fairway"。随着时间的推移，"green"逐渐演化成为现代高尔夫球运动中的果岭概念，而"fairway"则对应着球道。苏格兰的丘陵与草原，凭借其天然的海风雕琢的沙坑、翠绿的草场以及灌木丛生的小山丘，自然而然地构成了一个个理想的高尔夫球场，大自然仿佛成了这些球场的原始设计师。

高尔夫球运动自古以来便被视为在翠绿草坪与清新空气中享受高品质生活的典范。高尔夫的英文名称"GOLF"精妙地诠释了这项运动的精髓：G 代表绿色（Green），象征着自然的生机与和谐；O 代表氧气（Oxygen），强调在纯净空气中运动的健康等益处；L 则融合了阳光（Light）与生命（Life），展现了阳光下挥杆的乐趣与活力；F 则有友谊（Friendship）与步行

（Foot）乐趣的寓意，强调高尔夫球运动不仅是竞技，而且是社交与放松身心的活动。回溯高尔夫球运动的源头，虽然其最古老的起源已无从追寻，但这项运动所蕴含的精神与品质却如同陈年佳酿，愈久弥香。最初的高尔夫球运动，形式简约至极，仅需一根球杆、一颗球，以及一片设有小洞的场地，便能开启一场别开生面的游戏，展现了其原始而纯粹的乐趣。

二、高尔夫球运动的发展

1744 年，世界上首个高尔夫球俱乐部——绅士高尔夫球社（即现今的爱丁堡高尔夫球俱乐部）在苏格兰诞生，高尔夫球运动最初的规则也是由爱丁堡高尔夫球俱乐部制定的。随后，在 1755 年，由 22 位贵族与绅士共同创立的皇家古典高尔夫球俱乐部在圣安德鲁斯正式成立（图 1-1），并制定了 13 条基本规则，这些规则至今仍是高尔夫球运动的核心指导原则。进入 19 世纪中叶，1860 年人们见证了世界首个高尔夫球赛事——英国高尔夫球公开赛的举办，这一盛事进一步推动了高尔夫球运动的全球普及与发展。

图 1-1　圣安德鲁斯皇家古典高尔夫球俱乐部

18 世纪，高尔夫球运动跨越大西洋，在美国这片土地上生根发芽，迎来了高尔夫球场建设的鼎盛时期，促进了该运动在全球范围内的广泛传播。到了 19 世纪末，美国高尔夫球界的先驱者西奥多 · 哈弗梅耶在罗得岛州新港创立了新港高尔夫球俱乐部，这一举措极大地推动了美国高尔夫球运动的蓬勃发展。1894 年，哈弗梅耶荣任美国高尔夫球协会（United States Golf Association，USGA）的首任主席，他不仅成功举办了 USGA 的首届全国锦标赛，并选定新港俱乐部作为赛事举办地，还于次年（1895 年）首次邀请职业球员参与锦标赛，这一创举为后来的美国高尔夫球公开赛奠定了基石。历经时间的洗礼，这项赛事除了因两次世界大战而有所中断外，延续至今，成为一项历史悠久的体育盛事。

随着赛事组织管理的日益完善，高尔夫球界逐步形成了四大满贯赛事的格局，它们分别是美国名人赛、美国高尔夫球公开赛、美国 PGA 锦标赛以及历史悠久的英国高尔夫球公开赛。进入 21 世纪，这些赛事不仅保留了其深厚的传统底蕴，而且在全球化背景下焕发出新的活力，吸引着全世界的顶尖高尔夫球员竞相角逐，共同书写着高尔夫球运动的辉煌篇章。

迈入 21 世纪的大门，高尔夫球运动步入了前所未有的崭新阶段。这一时期，高尔夫球具技术的飞跃性革新、比赛规则与管理体系的健全完善、国际级赛事的频繁举办以及高尔夫球场运营效率的显著提升，共同构筑了推动高尔夫球运动蓬勃发展的强大动力，为这项历史悠久的运动赋予了新的生命力与创造力。高尔夫球运动现已跻身全球最受欢迎的球类运动之列，成为体育产业中不可或缺的重要支柱。

尤为值得一提的是，泰格·伍兹等世界级顶尖球员不断涌现，他们凭借卓越的表现和非凡的魅力，极大地提升了比赛的观赏性和吸引力，引领高尔夫球运动进入了一个全新的黄金时代。这些杰出球员的成就不仅激发了更多年轻人对高尔夫球的兴趣与热爱，而且促使他们投身于这项运动之中，享受高尔夫带来的乐趣与挑战，从而进一步扩大了高尔夫球运动的全球影响力与受众基础。

高尔夫球运动早在 20 世纪初的世界体育史上就留下了重要印记。它曾是 1900 年巴黎奥运会及 1904 年圣路易斯奥运会的比赛项目，且赛场之上不乏女性英姿。在 1900 年的巴黎奥运会上，美国选手玛格丽特·阿芭特以惊人的 47 分佳绩摘得金牌，成为首位在奥运会上赢得女子高尔夫球项目金牌的美国女性。然而，受限于场地条件及参赛选手整体水平的考量，高尔夫球项目随后暂别了奥运舞台。

经过国际奥委会与高尔夫国际联合会的共同努力与不懈推动，终于在2016年巴西里约热内卢举办的第31届夏季奥运会上，高尔夫球运动荣耀回归，并增设了男子个人与女子个人两个奖牌项目。在这届奥运会上，中国球员冯珊珊以出色表现夺得女子铜牌，这一成就不仅开启了中国高尔夫球运动的新篇章，而且为国内高尔夫球运动的发展注入了强劲动力。

在2024年巴黎奥运会的璀璨舞台上，中国女子高尔夫球选手林希妤以一场令人瞩目的精彩表演，在绿茵场上绽放出耀眼光芒。她在女子高尔夫球项目的决战轮中，以非凡的技艺和坚忍的意志，交出了令人赞叹的69杆的成绩，成功摘得了宝贵的铜牌。这一成就不仅是林希妤个人职业生涯中的高光时刻，而且是中国女子高尔夫球运动在国际大赛中荣耀与实力的再次彰显。她的出色表现，必将激励更多年轻的高尔夫球员投身这项运动，为中国高尔夫球运动的未来发展贡献更多的力量，为中国高尔夫球运动的国际化进程迈出坚实的一步。

1896年，我国最早的高尔夫球俱乐部诞生于上海，这一里程碑事件标志着拥有数百年深厚底蕴的高尔夫球运动正式来到我国。随后，这股绿色风潮迅速蔓延至北京及沿海区域，多个高品质高尔夫球场相继建成。

时间推进至1985年5月，中国高尔夫球协会在北京成立，成为我国高尔夫球运动发展历程中的又一重要转折点，它标志着这一优雅运动在我国的正规化、系统化发展正式拉开序幕。尽管起步较晚，但我国高尔夫球运动却展现出了惊人的发展速度。历经近40年的不懈努力与蓬勃发展，高尔夫球产业市场在经历了必要的治理与调整之后，已趋于成熟与完善。

鼎盛时期，我国高尔夫球场数量接近700座，遍布各地，为广大高尔夫球爱好者提供了丰富的选择。同时，参与高尔夫球运动的人口数量也在稳步增长，展现了这项运动在国内日益增长的受欢迎程度。更为可喜的是，从青少年到职业球员的全方位培养体系正逐步构建并趋于完善，为我国高尔夫球运动的未来发展奠定了坚实的基础，涌现出了诸如梁文冲、冯珊珊、林希妤、殷若宁、李昊桐等一批在国际舞台上大放异彩的优秀高尔夫球员，他们不仅代表着中国高尔夫球运动的最高水平，而且激励着无数后来者不断追求卓越、勇攀高峰。

第二节　高尔夫产业发展

一、高尔夫产业的构成

当前，中国高尔夫产业发展呈现出稳步增长的态势。近年来，随着政策支持和消费群体的扩大，高尔夫用品市场也呈现出快速增长的态势。同时，高尔夫旅游、高尔夫赛事等多元化消费模式的兴起，进一步丰富了高尔夫市场的内涵。技术创新和智能化发展也为高尔夫产业带来了新的机遇，推动了行业的转型升级。

高尔夫产业结构构成复杂且多样，主要包括高尔夫球场运营、高尔夫赛事运营、高尔夫旅游服务、高尔夫装备制造业等核心环节。此外，还涵盖了高尔夫传媒、高尔夫教育、高尔夫中介服务等中间产业，以及高尔夫房地产、高尔夫酒店等相关配套产业。这些产业相互交织，共同构成了高尔夫产业的完整生态链。

由图 1-2 我们可以精确地了解高尔夫产业内部主要组成部分所占的比例。“高尔夫用品及相关产品制造”这一领域的占比高达 44.9%，这一数字无疑凸显了该领域在中国高尔夫产业中的核心地位和巨大影响力。这一领域的繁荣，不仅体现了中国高尔夫市场的强劲需求，也反映了高尔夫用品制造业在技术创新和产品质量上的不断进步。“高尔夫用品及相关产品销售”的占比也达到了可观的 16.5%。这一数据表明，高尔夫用品的销售市场同样活跃，与制造业相辅相成，共同推动了中国高尔夫产业的繁荣发展。“高尔夫场地和设施管理”占比为 7.9%。这一领域的占比虽然不如前两者突出，但也足以说明高尔夫场地和设施的建设与维护在高尔夫产业中

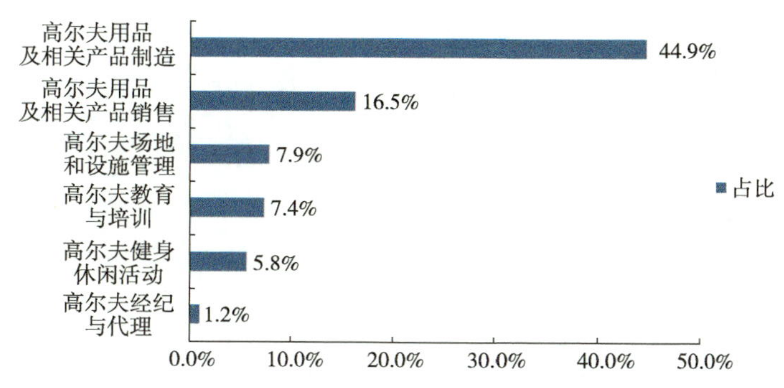

图 1-2　中国高尔夫产业构成情况

资料来源：观研报告网。

的重要性。优质的场地和设施是吸引高尔夫球爱好者、提升比赛品质的关键因素，因此，这一领域的持续发展对于高尔夫产业的整体繁荣具有重要意义。“高尔夫教育与培训”的占比为7.4%，这一数据表明，随着高尔夫球运动的普及和人们对高尔夫技能提升的需求增加，高尔夫教育与培训市场正逐渐壮大。这一领域的快速发展，不仅为高尔夫球爱好者提供了专业的培训和指导，也为高尔夫产业的持续发展培养了更多的人才。

此外，“高尔夫健身休闲活动”也占5.8%的比例，虽然这一比例相对较低，但也足以反映出高尔夫作为健身休闲方式的受欢迎程度。越来越多的人开始将高尔夫球运动视为一种既能锻炼身体又能放松心情的活动方式，这一趋势无疑将推动高尔夫健身休闲市场的进一步发展。

然而，“高尔夫经纪与代理”这一领域的占比却仅为1.2%。这一数据表明，在中国高尔夫产业中，高尔夫经纪与代理的业务规模相对较小，这既可能是市场需求限制的结果，也可能是行业内部竞争和资源整合的结果。

以上数据提醒我们，在高尔夫产业中，各个领域的发展并不均衡，需要我们在未来的发展中给予更多的关注和引导。

二、高尔夫产业链的形成

高尔夫产业链是指以高尔夫球运动为核心，围绕其开展的一系列相关产业活动所形成的完整产业链。它涵盖了从高尔夫球场建设、维护到高尔夫用品生产、销售，再到高尔夫赛事组织、旅游开发等的多个环节，即涵盖了从上游到下游的多个环节，每个环节都紧密相连，共同推动了高尔夫产业的繁荣发展。上游环节主要有高尔夫装备生产与制造和高尔夫球场修建与维护，中游环节主要包括高尔夫赛事运营与推广和高尔夫培训与教学，下游环节主要有高尔夫旅游、配套设施供应、高尔夫房地产等。

（一）高尔夫制造业

与高尔夫球产业紧密相连的制造业涵盖高尔夫球杆及装备制造业、高尔夫服饰业以及高尔夫球场设施与设备供应业。

根据国际高尔夫球协会统计，中国现已超越日本，紧随美国之后，成为全球第二大高尔夫球用品生产国，并有望赶超美国，占据市场过半的份额。高尔夫球杆、球及其他配件构成了高尔夫产业的关键一环。尽管高尔夫球运动在中国仍处于起步阶段，但众多国际知名高尔夫品牌已在中国设立生产基地，旨在提前抢占更多市场。截至 2023 年的数据表明，中国高尔夫球场的规模不断扩大（图 1–3）。

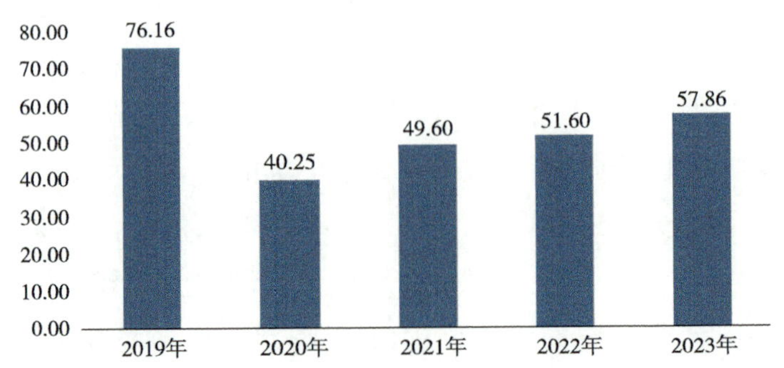

图 1–3　中国高尔夫球场规模（亿元）

资料来源：观研报告网。

球场设施设备的完善对于球场管理至关重要。作为每座球场标配的设备，包括各种剪草机、覆沙机、球道与果岭打孔机及其收集装置、喷药设备、挖掘机、铲土机、沙坑补沙机、划破机、运输工具等，可谓一应俱全，足以满足各项运营需求。

此外，还有高尔夫练习场设施、球场及会所用品、球杆修理工具、球具配件及球具等。其中，高尔夫练习场设施主要包括练习球、发球机、练习垫、机械设备及附件；而球场及会所用品则涵盖了会所及球场的日常所需。这一领域展现出巨大的发展潜力。

（二）高尔夫服务业的范畴

高尔夫产业所衍生的服务业广泛涵盖高尔夫旅游、高尔夫展览会、高尔夫球场维护管理以及相关多元化服务业。

高尔夫球场的建设为地区旅游业注入了新的活力，海南省便是一个鲜明的例子。随着高尔夫这一“绿色运动”逐渐深入人心，它已成为海南休闲旅游的新亮点。通过举办各类国内、国际、职业及业余赛事，以及开发具有海南特色的高尔夫旅游产品，海南省成功吸引了大量高尔夫爱好者及游客。据统计，近两年间，海南的高尔夫球场每年接待的打球人数高达20万人次，高尔夫产业与旅游业实现了深度融合。正如世界旅游组织秘书长所言：“中国旅游业的持续高速发展超乎所有人预料，已成为全球旅游业发展最出色的国家之一。”因此，高尔夫旅游拥有广阔的发展前景。

近年来，高尔夫综合服务业也取得了显著进步，主要包括高尔夫赛事与管理公司、俱乐部管理软件，高尔夫教学与游戏产业，高尔夫相关报纸、杂志、电视节目及网络平台，以及专业高尔夫宣传画与艺术品等。特别是高尔夫媒体的发展速度惊人，对高尔夫球运动的普及起到了极大的推动作用。同时，高尔夫文化艺术品市场的繁荣不仅丰富了高尔夫球运动的文化底蕴，还提升了其整体品位。

（三）高尔夫地产的联动发展

观察美国及其他高尔夫球运动发达国家的实践，高尔夫球场的建设往往与房地产开发紧密结合，形成了一种互利共生、互相促进的关系。20世纪60年代，美国房地产商敏锐地意识到，在住宅区周边建设高尔夫球场能显著提升住宅价值，并加速销售进程，因此，投资商成为推动高尔夫球场建设的重要力量。政府也对此趋势给予了支持，规定超过2万人口的社区，若无高尔夫球场规划，其建设规划将不被批准。这一政策极大地激励了建筑业和房地产业巨头投身于高尔夫球场的建设。

高尔夫产业的发展不仅带来了可观的经济效益，而且在社会效益方面展现了其价值。它有助于改善环境，增加就业机会。只要我们规范行业管理，合理利用废弃荒地，并严格控制草坪养护用药，高尔夫球场对周边环境的积极影响是显而易见的。在就业方面，以一个标准的 18 洞高尔夫球场为例，它能够解决 300~400 人的就业问题（包括球会运营人员、球场维护人员、球童等），从而为缓解国家就业压力、促进地区经济发展做出显著贡献。

高尔夫运动堪称唯一能够完全依靠市场力量驱动发展的体育项目，其管理模式和赛事运作早已与国际惯例和标准接轨，职业化程度也最为彻底和成熟。面对高尔夫市场的蓬勃发展和广阔前景，我们应尽快制定与中国高尔夫发展现状相适应的产业政策和行业标准，引导其步入规范、健康的发展轨道。

三、高尔夫人口

（一）全球高尔夫人口的数量

2023 年，高尔夫球运动的参与人数持续攀升，尤其在亚洲、欧洲和美洲等地区表现突出，呈现出连续多年稳步增长的态势。据统计，全球范围内已注册的高尔夫球员约有 800 万人，而未注册但参与 9 洞及 18 洞赛事的球员则超过了 3 160 万人，整体人数较之前增长了 15%。这一增长趋势不仅彰显了高尔夫球运动在全球范围内日益提高的普及程度，也充分说明了各地在高尔夫设施建设与活动推广方面所取得的积极成效。

从不同的大洲来看高尔夫人口分布，截至 2022 年，亚洲方面，其 9 洞及 18 洞高尔夫球员数量位居全球之首，共计 1 610 万人。尽管在注册球员占比上稍显逊色，2023 年亚洲仍有 200 万名注册球员，整体高尔夫球运动参与人数更是高达 2 250 万人。转向欧洲，近年来高尔夫球运动在这片大陆上蓬勃发展，其 9 洞及 18 洞球员 1 400 万人，注册球员数量高达 460 万人，总参与人数达到 2 110 万人。尤为值得一提的是，欧洲是全球高尔夫注册球员数量最多的地区，占比约为全球的57%。再看加拿大，据统计，其9洞及18洞球员数量多达560万人。尽管注册球员仅占该总数的6%，但加拿大整体高尔夫球运动参与人数却达到了660万人，显示出该国高尔夫球运动的高参与度。

（二）全球高尔夫球场数量

截至2023年，全球内共有21 431座高尔夫球场，其中欧洲与北美地区在数量及设施完善度上均处于领先地位。就地域分布特点来看：欧洲地区高尔夫球场布局最为紧密，特别是英格兰、德国、法国、瑞典及苏格兰的高尔夫球场数量在全球前十名中占据一席之地；北美的加拿大凭借2 530座高尔夫球场成为球场密度相对较高的区域；尽管亚洲的高尔夫球场分布较为零散，但其设施整体上具有较高的现代化水平，特别是在高尔夫球运动繁荣的日本和韩国等国家。

（三）高尔夫人口增长的原因分析

全球高尔夫人口的增长是多种因素共同作用的结果。以下是推动高尔夫人口增长的几个主要原因：

1. 高尔夫球运动的普及与推广

近年来，高尔夫球运动在全球范围内得到了广泛传播与激励。各国和地区的高尔夫球协会及政府机构积极推动高尔夫球运动的发展，通过开设入门课程、开放高尔夫设施等措施，降低了参与难度，使更多人有机会接触并体验高尔夫球运动。这些举措在亚洲和非洲等地取得了显著成效，特别是非洲，在2020年至2022年，9洞及18洞球员数量实现了35%的增长。同时，高尔夫球运动的参与形式也逐渐多样化，如高尔夫模拟器、家庭娱乐型迷你高尔夫、多人社交高尔夫等，这些形式为那些无法或不愿在正式球场上打球的人提供了便捷的参与途径。

2. 疫情后高尔夫球运动的兴起

新冠疫情对人们的生活产生了深远影响，促使人们更加重视户外运动和保持健康的生活方式。高尔夫球运动作为一种社交距离较大的户外运动，吸引了大量希望回归户外、保持健康的人群。因此，自2020年以来，无论是注册还是未注册的高尔夫球员数量均大幅增加。这一趋势在全球范围内持续发酵，高尔夫球运动成为人们追求健康生活方式的重要选择。

3. 高尔夫设施的升级与普及

近年来，全球高尔夫设施得到了显著的改善和增加。如前所述，截至2023年，全球共有21 431个高尔夫球场，这些球场的增加大大提高了高尔夫的可接触性。此外，针对女性和青少年的推广活动也有所增加，特别是在非洲和中东地区，女性和青少年的参与比例正在逐渐提高。高尔夫球运动在各个国家和地区的推广力度不断加强，国家和地区性的高尔夫组织通过举办推广活动、培训项目以及青少年高尔夫活动等方式，吸引了越来越多的人参与其中。

4. 技术与政策对高尔夫球运动的推动

技术的发展和政策扶持也为高尔夫球运动的推广和普及带来了新的机遇。借助社交媒体和数字化平台，高尔夫赛事和文化能够更广泛地传播和推广，吸引更多潜在的爱好者。同时，许多高尔夫球场和俱乐部也利用数字化手段提供在线预订、教学视频等服务，使高尔夫球运动更加便捷和容易参与。此外，一些国家和地区的政策支持也起到了积极作用，如降低高尔夫球运动入门费用、建设向公众开放的高尔夫设施以及开展学校和社区的高尔夫推广活动等措施，都降低了高尔夫球运动的参与门槛，为人们提供了更多的参与高尔夫球运动的机会。

第三节　高尔夫球场

高尔夫球是指使用不同规格的高尔夫球杆将高尔夫球打入球洞的过程。按照建造场地特征，高尔夫球场可分为林克斯球场、内陆球场、公园球场、森林球场、山地球场、丘陵球场、海滨球场、沙漠球场、荒地球场、高原球场和坡地球场等。

一、场地要求

（1）高尔夫球场用地应满足高尔夫球比赛的技术要求和娱乐活动的特点，选择交通便利、环境优美、绿色植被充裕茂盛和无污染的地段。

（2）高尔夫球场除主赛球场外，一般还应包括练习场地、俱乐部会所、后勤服务区域、管理办公区域、停车场等，需要时还可附设度假居住设施、游泳池和其他娱乐设施等。

（3）高尔夫球场需有较开阔的草坪，一般宜利用丘陵缓坡地带设置，占地 $6.5\times10^5 \sim 7\times10^5$ 平方米，球道处地面起伏高差 10~20 米为宜。

（4）正规球场应划分为 18 个大小不一、形状各异的场地，每块场地均由发球区、球道区、果岭、沙坑和障碍区组成。发球台到球洞的间距不等。标准球场的总长为 5 943~6 400 码①，宽度不定。球场四周应有界外线标志。每个分场地占地 $3\times10^4 \sim 3.5\times10^4$ 平方米。

（5）发球台即开球用的草坪，台上有两个球状标记，相距 5 码左右，两个标记之间的连线称为开球线。发球台面积一般为 30~150 平方米，较其周围地表高 0.3~1.0 米，表面为修剪过的短草，有一定坚硬度且表面平滑。

一般每个洞设两个发球台，分别供男女选手使用。如供正式比赛使用，还须增设第三个发球台。球洞应高出发球台，但不宜超过 20 码。

（6）果岭为球洞所处的区域，其平面多呈近似圆形或椭圆形的自由形状，表面种植优质草坪，并经修剪和碾压密实，略有缓坡起伏，使球能在场地上无阻碍地滚动。

（7）球道区是从发球台至果岭的最佳击球路线，也是草坪修整的最好的区域，其宽度最小为 30 码，一般为 40~50 码。长草区位于球道区的两侧、发球台前面及果岭后方，草的长度比球道区长一倍以上，球一旦落入此区域，非常难找且不易打出。杂草区设于长草区的外侧，一般球场范围内除了上述各区域外，其余有草的区域皆为杂草区，球员将球击入杂草区

① 1 码≈0.914 4 米。

会受到惩罚。此外，不同高度的植物可作为球道间的安全隔离区。

（8）球场内可有意设置沙坑、水塘、小溪等形成障碍物地带，以增加击球的趣味和丰富场地的景观。

（9）应合理布置不同长度的球道，球道长度一般按标准杆数计算，通常场内设4个3杆洞、10个4杆洞、4个5杆洞（图1-4）。

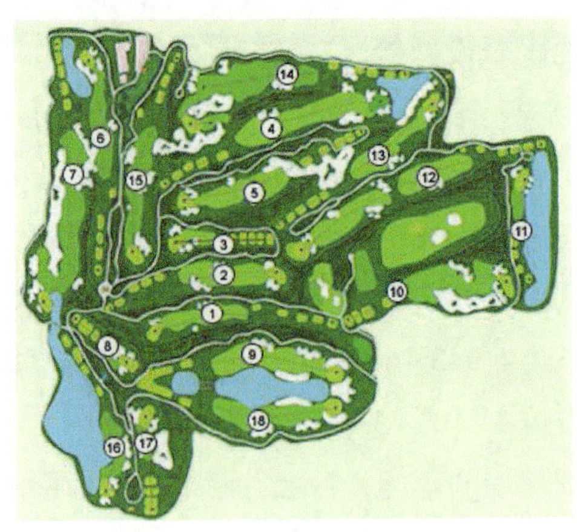

图1-4 球道设计

二、高尔夫球场设施

（一）会所

会所也称高尔夫球俱乐部，多设于球场的入口处，是为球员提供休息、更衣、餐饮的场所。会所前设有停车场，并且一般设置可供球员登高远望的观景点，如图1-5所示。

（二）发球区

发球区是每个球道开始击球的区域，一个球道常包括3个远近不同的发球台，分别为女发球台（比男发球区接近果岭20%）、男发球台及比赛发球台（位于开球区后离果岭最远处），有时也将三个发球台合并成一个大的发球区，如图1-6所示。发球台应高于四周地势，以利于雨天排水。

图 1-5　会所

图 1-6　发球区

（三）球道

球道是球场中面积最大的部分，是从发球台到果岭所经过的路段。球道两侧是起伏的地形或树丛，使球道和球道相分离。球道为宽阔的草坪，球员一般能够在发球区看到果岭。根据球员的击球距离，常在落球区和果岭周围有计划地设置沙坑、水塘、小溪等障碍物，用于惩罚球员不准确的击球，并提高比赛的刺激性和激烈程度，如图 1-7 所示。

（四）高尔夫球场主要部分的设计

（1）开球台的设计。开球台的形状多种多样，以长方形、正方形、椭圆形为常见，另外还多用半圆形、圆形、S 形、L 形等。发球台一般面积

图 1-7 球道

为 30~150 平方米，较周围高 0.3~1.0 米，以利于排水并增加击球者的可见性；表面为修剪过的短草，草坪有一定坚硬度且表面光滑，要求地表水能迅速排出；从发球角度考虑又应有一定的平整度，一般取 1%~2%的微坡度。

（2）球道设计。南北方向是较理想的球道方向，球道一般长 90~550 码、宽 30~55 码，平均宽约 41 码。

（3）果岭设计。设计果岭时应考虑以下方面的内容：

第一，果岭是高尔夫球场的关键区域。每个果岭的大小、造型、轮廓和周边的沙坑都各具特色，以创造丰富的挑战性和趣味性。果岭草坪高度要求为 0.050~0.064 米，并做到均匀、光滑。

第二，果岭的排水。果岭上的地表水应从两个或两个以上的方向排出，果岭的地形设计应使地表水的排水线避开人流方向。一个果岭的大部分坡度不应超过 3%，以保证击球后球运动的方向。

第三，练习果岭。练习果岭是供高尔夫球学习者练习击球进洞的专用场地。练习果岭通常位于高尔夫俱乐部和第一个发球台附近，应能够设置 9~18 个球洞及它们的替换位置。果岭表面应有一定的坡度，同样以 3%为宜。为保证练习果岭草皮的质量，一个高尔夫球场应设置两个或两个以上练习果岭，轮换使用为佳。

（4）障碍区。障碍区一般由沙坑、水池、树丛组成，其用来惩罚运动员的不准确击球，将球从障碍区击出要比从球道上击出困难得多。

第一，沙坑。沙坑一般占地面积为 140~380 平方米，有的沙坑可达 2 400 平方米左右。现在大多数 18 洞高尔夫球场有 40~80 个沙坑，沙坑数量可根据打球需要和设计师的设计思想来确定。球场沙坑的设置应合乎自然策略，通常球道沙坑位置依锦标赛发球台的距离来确定。沙坑的位置还要根据该地的排水特点，沙坑要有好的地上和地下排水条件，一般设置在地势低平和地下排水充分或在沙坑下有良好的渗水条件的区域内。沙坑可以建在草地平面以下。

从维护管理角度来说，果岭一侧的沙坑应设置在距离果岭草坪 3.0~3.7 码的地方，以便作业设备的通行及防止沙坑中沙子被风吹到草坪之上。果岭基层沙坑内的沙层厚度至少应为 0.1 米，沙坑的斜坡或凸起的沙层厚度至少应为 0.05 米，球道沙坑的沙层厚度相对要浅一些。高尔夫球场沙坑的用沙要求是比较严格的，75% 以上沙子的粒径应为 0.25~0.50 毫米（中粒沙）。沙子选用有棱角的沙子为最好。沙子的颜色以白色、褐色或浅灰色为好，但应避免沙子颜色太白而导致球员看不清球体。

第二，水池。水池不仅是击球的障碍，同时还可起到很好的造景作用。水池可以设计于单个球道内，也可以几个球道共用一个水池，有时也将球台或果岭设在四面环水的岛上，以增加击球的难度和乐趣，丰富球道景观。水池边适宜造景，可架小桥，在面积较大且水源充足时，可以规划喷泉或瀑布。

（5）标志树。高尔夫球场中的标志树是为使高尔夫球员在击球时能够计算出球落点的位置而栽植的，常在距发球台 50 码、100 码、150 码、200 码的位置上栽植。可在 50 码、150 码处栽植单棵大树或小树，在 100 码、200 码处栽植两棵大树或小树，使击球员容易判断球落地的距离。

（6）其他。除上述涉及的方面外，高尔夫球场设计范围一般还要包括练习场、会所以及休息亭等，可根据具体情况灵活设置。在球场面积方面，从占地几十公顷的土地规划出 18 个球道，一般 18 洞的球场是由 4 个短洞、4 个长洞以及 10 个中洞所构成的，标准杆为 72 杆。然而，若有地形特殊和土地面积大小等因素的差异，其标准杆也可介于 72 杆加减 3 杆之间。总而言之，18 洞标准杆在 69 至 75 杆之间皆可接受。在善于规划的设计师设计下，整个球场 18 洞刚好可以使整组 14 支球杆充分发挥作用。

第二章 高尔夫球运动的礼仪和比赛规则

第一节 高尔夫球运动的礼仪

高尔夫球运动之所以被称为“绅士运动”，在很大程度上是因为这项运动有自己独特的礼仪，正是这些礼仪的存在，才有了高尔夫球运动的文化精髓：诚信，自律，为他人着想。任何一项体育运动，都源自一种游戏，参与者都要共同遵守统一的游戏规则。为了使游戏公平、公正地进行，多数情况下都由裁判执行规则和判罚。而高尔夫球运动大多是在没有裁判员监督的情况下进行的，这项运动主要依靠每个参与者主动为其他球员着想和自觉遵守规则。不论对抗（非身体接触）多么激烈，所有球员都应自觉约束自己的行为，在任何时候都表现出礼貌谦让和良好的运动精神。由于高尔夫球运动的特殊性，参与者既是运动员又是裁判员，所以对参与者的人品、道德、行为和约束力提出了更高的要求。

一、练习场礼仪

高尔夫球练习场，不仅是初学高尔夫球的人的练习场，也是职业选手经常光顾的地方。打练习场要遵守以下礼仪：

第一，保证安全。安全是头等大事。练习场在打位和休息区之间一般有黄色标识，意在请非打球人员远离黄色标识。球友互相指导时，一般站在击球方向的反方向比较安全。

第二，不要大声喧哗。高尔夫球运动是要求注意力非常集中的运动，练习场也是公众场所，大声喧哗必然引起大家的反感。

第三，不要带宠物进入。在高尔夫球练习场，为不影响别人，不要带宠物进入。

第四，注意着装。练习场的着装与下场要求别无二致。正规练习场规定，男士需着有领有袖上衣，女士不得穿超短裙，一律不可穿牛仔裤。

第五，练习果岭时，注意保护草坪。

第六，遵守练习场的各项规定，不要擅自走出打位在草地上击球。

第七，去练习场之前最好事先打电话咨询或者预约。

二、高尔夫球会所礼仪

高尔夫球会所即高尔夫球俱乐部，是每位客人或接送人员必须经过的场所，在会所要注意仪表和举止。良好的着装和行为不仅代表一个人的素质，也表明对其他会员和客人的尊重，每个人都有维护俱乐部形象的义务。在高尔夫球会所应遵守以下礼仪：

第一，充分利用更衣室。即使只是换双鞋，也最好到更衣室去，不要在会所大堂里脱袜脱鞋。

第二，安排好随行人员。不下场的随行人员也要注意自己的行为，不要大声喧哗、大声接听电话，更不要衣衫不整或在会所里打瞌睡。

第三，保持鞋底干净。下场回来进入会所之前，一定要将鞋底的泥和草清理干净。

第四，下雨天不要把伞带进会所，保持会所的公共卫生。

第五，保持洗手间清洁。卫生间最能体现一个人的素养，保持水盆、马桶的清洁也是为他人着想的绅士之举。

三、高尔夫球服饰礼仪

一般的高尔夫俱乐部通常会要求上身穿着有领有袖的恤衫，不允许球员穿圆领汗衫、吊带背心、牛仔系列服装、超短裙、过短的短裤等过于休闲的服装上场。有些俱乐部还专门规定不允许穿任何式样的短裤下场，有些则对短裤的样式和长度有所规定，所以，棉质的休闲长裤总是最佳的选择。至于高尔夫球鞋，目前大部分俱乐部出于保护草坪的需要，规定在球场上只能穿特制的胶钉球鞋。

四、高尔夫球观赛礼仪

高尔夫球运动是一场极为特殊的运动，它可以让你近距离观察场上情况，以至于能听见球友与球童之间、球友之间的对话，就连球员对球童说的“悄悄话”都可以听到。没有任何一项运动能给选手这样的机会——使选手轻易地与明星近距离接触。与之对应，在比赛期间，观众不恰当的一言一行都会影响到球员的注意力集中和水平的发挥，最终影响比分。这就是高尔夫球运动制定如此严格观赛礼仪的原因。

（1）当球员正准备击球和挥杆的时候，一定要保持肃静。高尔夫球运动是一项高雅的休闲运动，观众近距离观赛时，不能大声喧哗、急行猛跑或发出噪声，特别是当“保持安静”的牌子举起时，更应严格遵守。不要在高尔夫球场上到处跑，这是很多球场都严加禁止的行为。

（2）当球员做出击球准备或者击球动作的时候，切勿随意走动。在走动之前一定要仔细观察一下周围的环境，这样才不会在走动的过程中干扰到球员，随意走动可能会严重分散球员的注意力。

（3）只有等所有球员都完成击球之后，才能走动。如果现场所有人都追随某一个球员、超级巨星或本土选手，则容易造成非常严重的问题。当他们完成击球之后，有时观众会选择离开，而不是继续等待同组的球员击完球。应尊重每一个球员，不要在球员正在击球的时候随意走动。

（4）观众要注意合理使用自己的手机和照相机。在大多数高尔夫锦标赛中手机都是禁止使用的。关机或者静音是最好的选择，毕竟观看高尔夫球比赛也是一种享受过程，别让其他事情打扰自己。对于照相机，大多数锦标赛也是禁止的，其实原因也是一样，照相机的闪光灯和快门声会对球员的击球造成严重的干扰。

（5）为避免影响球员的发挥，观众要注意自己的穿着。现场观众必须穿带领子的上衣，一般而言无领 T 恤衫及露背的背心是不适宜的，同时也不能穿牛仔裤；另外，为了保护草皮，最好穿运动平底鞋入场。男士应着有领有袖 T 恤衫、棉制休闲长裤或及膝短裤，女士应着有领 T 恤衫、过膝裙装、短裤或长裤。一般要求观众穿舒适耐磨的休闲鞋，女士一般禁止穿高跟鞋入场。同时应携带保暖、防雨外套，或者提前做好防晒保护。对观赛者服饰的要求虽然没有比赛选手那么严格。遵守高尔夫球运动的着装要求是高尔夫球运动最基本的礼仪之一。

（6）按照规定，球员在进行比赛时，球道内不允许球迷进入。

（7）如果看到心仪的球星，想要拿到他（她）的签名，请勿在比赛中途找他（她）签名，而是要等球员结束比赛交出计分卡或是赛后去练球时，再请球员签名。在某些规则更为严格的球场，为了保护球员的安全，在比赛的练习日和比赛日均禁止向球员索取签名，寻求签名只能在俱乐部会所一侧的停车场处进行。

第二节 高尔夫球运动的比赛规则

根据高尔夫球运动的比赛规则，将球场划分为发球区、普通区、沙坑、罚杆区和推杆果岭等五个区域，球员在五个区域进行击球时会遇到不同的规则问题，本书对球员在五个区域击球时常见的规则问题进行介绍。

一、发球区

（一）球位于发球区内的条件

当球有任何一部分触及发球区的任何部分，或者位于发球区任何一部分的上空，这个球即在发球区之内，如图 2-1 所示。

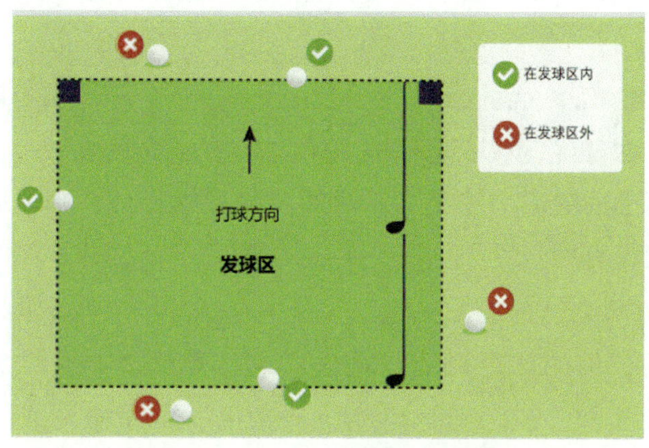

图 2-1　球位于发球区内的条件

球员可以站在发球区外击打发球区内的球。

（二）可以架球，也可以从地上打球

球员必须从以下两种地方之一打球：

（1）插在地面内或放在地面上的球座；

（2）地面。

球员不得击打置于违规球座上的球，也不得击打以规则不允许的方式架起来的球。首次违规进行一般性处罚，第二次违规将被取消资格。

（三）可以改善发球区内的某些环境

击球前，球员可以在发球区内采用以下行为改善击球环境：

（1）改变发球区内的地面状况（如用球杆或脚制造凹陷），移动、弯曲或折断发球区内地面上的草、杂草和其他自然物体；

（2）移走或按压发球区内的沙子和泥土；

（3）除去发球区内的露水、霜和水。

如果球员违反规则，采用任何其他行为改善击球环境，则其将受到一般性处罚。

（四）遵守比杆赛正常的打球顺序

（1）开始第一个球洞时。第一个发球区上的优先权由委员会规定的抽签顺序决定。如果没有抽签，可以用协商或随机的方式（如抛硬币）决定。

（2）开始所有其他球洞时。一组球员中，一洞总杆成绩最低的球员在下一个发球区拥有优先权，总杆成绩第二低的球员应该下一个打球，以此类推。如果两个或更多个球员在一洞的总杆成绩相同，则他们应按照上一个发球区的顺序打球。

（3）优先权由总杆成绩决定，即使在差点比赛中亦如此。所有球员都开始一洞后，谁的球距离球洞最远，谁就先打。如果两个或更多个球至球洞的距离相同，或者不知道相应的距离，则用协商或随机的方式决定先打哪一个球。如果球员不按顺序打球，不予处罚，但如果有两个或更多个球员协商不按顺序打球以便为他们中的某人牟利，并且此后他们中的任何人不按顺序打了球，则每个参与协商的人都要受到一般性处罚（罚两杆）。

（4）用安全和负责任的方式不按顺序打球（“快打高尔夫”）。规则允许并提倡球员以安全和负责任的方式不按顺序打球，如以下场合：

①两名或更多名球员为方便或节省时间而同意这样做。

②球员的球停在距球洞很近的地方，并且其想要击球进洞。

二、普通区

普通区指的是除规则描述的四种特别的球场区域之外的所有球场部分。之所以被称为“普通区”，是因为它包含了大部分球场。在球到达推杆果岭之前，普通区是球员最经常打球的地方，它包括各种地面，以及在该区域生长着的或连接着的物体，如球道、长草和树木，如图 2-2 所示。

图 2-2　规则划分的球场区域——普通区

普通区域常见的规则体现在以下几种情况中。

（一）寻找球的方式

球员有责任在每次击球后找到自己的比赛中球。球员可以采用合理的行为适度寻找自己的球，以便找到和辨认它。例如：

（1）移动沙子或移除水。

（2）移动或弯曲草、灌木、树枝以及其他生长着的或连接着的自然物体。在为找到或辨认球而采用合理行为的情况下，即使该行为导致这些物体受损，也是允许的。

但是，如果球员的改善行为超出适度寻找球的合理范围，则其将因违反规则而受到一般性处罚。

（二）辨认球的方式

可以用以下任何一种方式辨认球员的静止中的球：

（1）球员或任何其他人看到有球静止在某环境中，并且有人知道它就是球员的球。

（2）看到球员在球上做的识别标记。但是，如果在同一区域还发现另一个带有同样识别标记的完全相同的球时，则此方法不适用。

（三）拿起球辨认

球员在拿起球进行辨认时，必须先标记球所在的地点，并且不得将球擦拭至超出辨认所需的程度（在推杆果岭上除外）。

（四）打球

（1）在球的现有位置打球。除了在正当采取站位或进行挥杆时外，不得通过移动、弯曲或折断任何固定物或生长物来改变球位、预期的站位、挥杆区域或者打球线，不得通过向下按压任何物体来改变球位。

（2）必须用正确的方式对自己的球进行击打，不允许用推、拨、挖的方式击球。

（3）如果打了一个错球，则比洞赛在该洞负，比杆赛中被罚两杆，并必须用打正确的球来纠正错误。

（五）散置障碍物

（1）如果散置障碍物（即散置的物体，如石头、散落的树枝等）没有和自己的球位于同一个障碍区内，球员可以移走该散置障碍物。

（2）如果移走散置障碍物导致自己的球被移动，球员要被罚一杆（当球位于果岭上时除外），并且必须把这个球放置回原位。

（六）可移动妨碍物

（1）任何地方的可移动妨碍物（人工可移动的物体，如沙耙、饮料罐等）均可以被移动，不用受罚。如果致使球发生移动，则必须把这个球放置回原位，不用受罚。

（2）如果球位于可移动妨碍物之上，可以将这个球拿起，移走该妨碍物，然后在这个球位于该妨碍物位置的正下方一杆范围内抛球（当球在果岭上时除外，此时要在该点放置球），不受处罚。

三、沙坑

（一）球位于沙坑内的条件

当球的任何一部分符合以下条件之一时，此球即位于沙坑内：

（1）触及沙坑边沿内地面上的沙子。

（2）位于沙坑边沿内并静止在通常会有沙子覆盖的地面上（如在沙子已被风吹走或被水冲刷走的地面上），如散置障碍物、可移动妨碍物、异常球场状况或基本组成物之内或之上，且这些物体触及沙坑内的沙子或位于通常会有沙子覆盖的地面上。如果一个球位于沙坑边沿以内的土地、草或者其他生长着的或连接着的自然物体之上，但没有触及任何沙子，那么这个球不在此沙坑内，如图 2–3 所示。

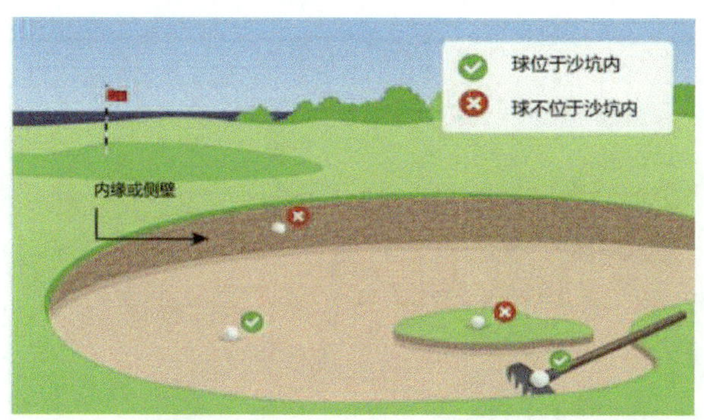

图 2–3　球位于沙坑内的条件

（二）对沙坑内触碰沙子的限制

球员不得用手、球杆、沙耙或其他物体故意触碰这个沙坑内的沙子，以测试这些沙子的状况，为下一杆击球获取信息。

（三）触碰沙子不会招致处罚的场合

规则并不禁止球员用任何其他方式触碰沙坑内的沙子，包括：

（1）为了试挥或击球，将双脚陷入沙子里进行站位；

（2）为了维护球场而平整沙坑；

（3）将球杆、装备或其他物体放在沙坑内（无论通过扔还是放置的方式）；

（4）测量、标记位置、拿起球、放置球回原位或按照规则采取其他行动；

（5）休息、保持平衡或防止摔倒时倚靠球杆；

（6）出于沮丧或愤怒而击打沙子。

（四）球位于沙坑内的异常球场状况补救

（1）免罚补救：在沙坑内打球。球员可以按照规则进行免罚补救，但是必须符合以下要求：

①最近完整补救点和补救区都必须在这个沙坑内。

②当这个沙坑内不存在这样的最近完整补救点时，球员仍可以使用沙坑内的最大可用补救点作为参考点进行补救，如图 2-4（以右手球员为例）所示。

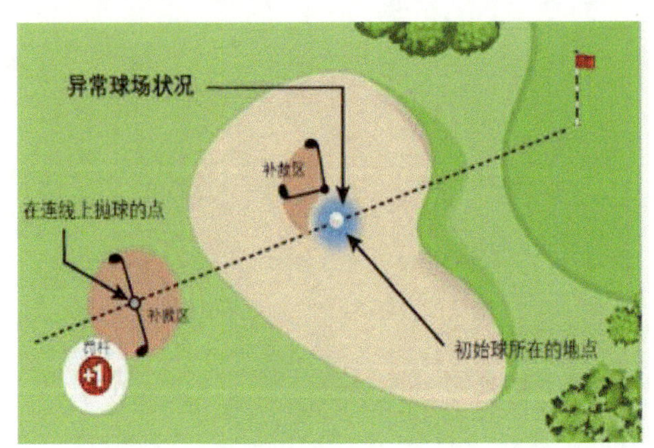

图 2-4 球位于沙坑里的异常球场状况补救

（2）罚杆补救：在沙坑外打球（向后连线补救）。被罚一杆后，球员可以将初始球或另一个球抛在该沙坑外，抛球点在球洞和初始球所在地点的连线上且位于初始球的后方（向后多远没有限制）。在该连线上抛球时，球首先触及地面的点将在任何方向的一支球杆长度范围形成一个补救区，但该补救区存在以下限制：

①不得比初始球所在地点更靠近球洞。

②可以在除同一沙坑外的任何球场区域，但是必须与所抛之球首先触及地面的点位于同一种球场区域。

四、罚杆区

（一）球位于罚杆区内的条件

当球有任意一部分符合以下条件之一时，该球即位于罚杆区内：

（1）位于罚杆区边沿内的地面或任何其他物体（如任何自然或人工物体）之上，或者触及上述地面或物体。

（2）位于罚杆区的边沿或任何其他部分上空。

（二）球位于罚杆区内的补救

如果球员的球位于罚杆区内（包括虽然未找到球但有人知道或几乎肯定它在罚杆区内），则其有以下三种补救选项，但每种选项都要被罚一杆：

（1）一杆加距离补救。球员可以从上一杆击球的地方打初始球或另一个球。

（2）向后连线补救。球员可以将初始球或另一个球抛在罚杆区外，抛球点在球洞和初始球最后穿越罚杆区边沿的估计点的连线上且位于该估计点的后方（向后多远没有限制）。在该连线上抛球时，球首先触及地面的点将在任何方向的一支球杆长度范围形成一个补救区，但该补救区存在以下限制：

①不得比初始球最后穿越罚杆区边沿的估计点更靠近球洞。

②可以在除同一罚杆区以外的任何球场区域，但是必须与所抛之球首先触及地面的点位于同一种球场区域。

（3）侧面补救（仅限红色罚杆区）。当球最后穿越的是红色罚杆区的边沿时，球员可以将初始球或另一个球抛在符合以下条件的侧面补救区内：

①参考点：指初始球最后穿越该红色罚杆区边沿的估计点。

②从参考点开始测量的补救区长度为两支球杆长度，但有如下限制：一是不得比参考点更靠近球洞；二是可以是除同一罚杆区以外的任何球场区域，但是如果参考点两支球杆长度内存在一种以上的球场区域，则球员在该补救区内抛球时，球首先触及哪一种球场区域，该球就必须静止于这个球场区域的补救区内，如图 2-5（以右手球员为例）所示。

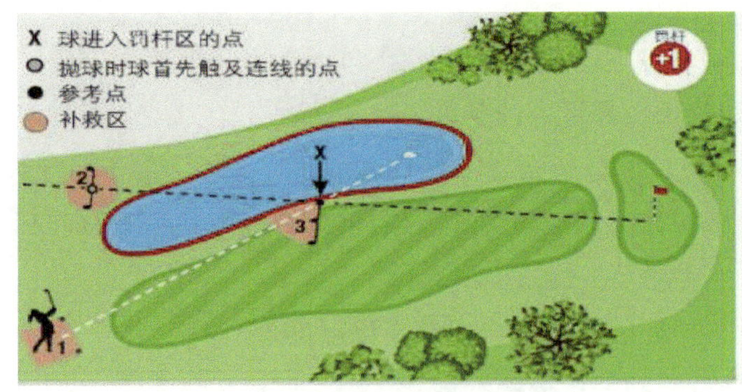

图 2-5 球位于罚杆区内的补救

五、推杆果岭

（一）推杆果岭上允许的改善

（1）移除沙子和松散的泥土。

（2）修理损伤。例如：球痕、鞋造成的损伤（如鞋钉印），以及由装备或旗杆造成的划痕或凹痕；旧洞埋迹，修补草皮、切割草皮的接缝，以及由草坪维护工具或车辆造成的划痕或凹痕；动物的足迹或蹄印；陷入地面的物体（如石头、橡果、冰雹或球座），以及由这些物体造成的凹痕。

（二）照管旗杆

在果岭上进行击球时，应当确保旗杆被移走或被照管。当球位于果岭以外时，同样可以把旗杆移走或对其进行照管。

（三）查看悬在洞边的球是否会掉入洞内的等待时间

如果球员的球有任何一部分悬在球洞边缘，按照以下方式处理：

（1）允许球员在合理的时间内抵达球洞，此后再加上 10 秒钟的等待时间，用以查看球是否会掉入球洞内。

（2）如果球在等待时间之内掉入球洞内，视作该球员的上一杆击球进洞。

（3）如果球没有在等待时间内掉入球洞内，则这个球视作已经静止。如果此后这个球在击球前掉入球洞内，视作球员用上一杆击球进洞，但要在其该洞的成绩加上一杆罚杆。

（四）球在推杆果岭上的补救

如果球员的球位于推杆果岭上，并且受到了位于球场内的异常球场状况的妨碍，则球员可以进行免罚补救，将初始球或另一个球放置在最近完整补救点上。具体规则如下：

（1）最近完整补救点必须在推杆果岭上或普通区内。

（2）如果不存在这样的最近完整补救点，则球员仍可以使用最大可用补救点作为参考点进行免罚补救。最大可用补救点必须在推杆果岭上或普通区内。

具体情况如图 2-6（以右手球员为例）所示。

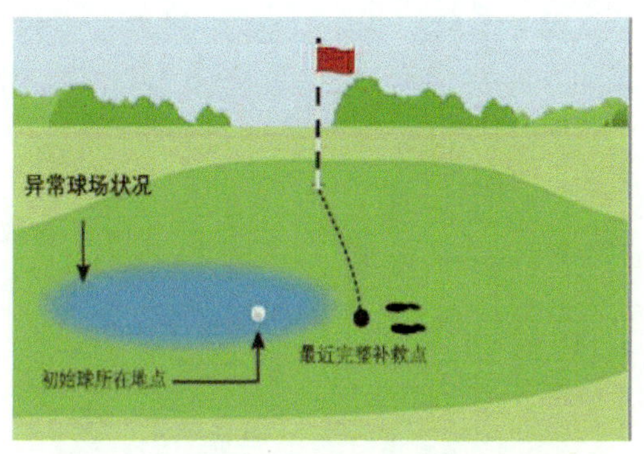

图 2-6　推杆果岭上的异常球场状况补救

第三章 高尔夫球运动的挥杆技术与原理

第一节　高尔夫球飞行原理

在打过一段时间的高尔夫球后，我们可能都会有这样的疑惑：明明打球姿势没错，可为什么总会遇到击出去的球偏离既定目标的现象呢？原因就在于高尔夫球在不同运动阶段的受力情况不一样，同时又受到击球要素的影响。因此，充分了解高尔夫球运动的力学原理和击球要素有助于我们获得更加精准的挥杆。

一、击球瞬间高尔夫球的受力分析

（一）人与球杆之间的作用

在挥杆击球时，人们必须通过挥动球杆，将手臂和身体其他部位的肌肉力量传递到杆头，并最终作用到高尔夫球上。

末端环节手在击球时对球杆产生作用力，同时球杆对人体也产生了反方向的离心力，正是离心力牵引了球员顺势收杆的动作；此外，手臂与球杆之间也存在摩擦力，这些都是人与球杆之间产生的受力关系。因而，处理好人体与球杆之间力的协调性，发挥好人体对球杆的作用力，会直接影响到击打力的大小和方向。

（二）杆头与球之间的作用

击球时，杆面与球的接触很短暂，但它们之间作用力的大小和方向直接决定球飞出的方向和远度。因此，想追求完美的挥杆，就必须掌握击球瞬间球与球杆之间作用力的形式。

1. 弹力

杆头和球接触瞬间，由于互相挤压，会在二者之间产生弹性形变；弹性势能储存在球中，当球开始恢复原状时，就会产生弹力。弹力的方向与物体形变方向相反，因为球的重量比杆头轻，所以球获得的额外速度大于杆头失去的速度，高尔夫球自然就飞了出去。

2. 摩擦力

球杆和球接触时还会产生阻碍相对运动的摩擦力。有两种因素会影响摩擦力：一是接触面间的压力大小，二是接触面的粗糙程度。因此，不同的球杆和球的设计会直接影响这种摩擦力，进而影响球的后旋速度和球的飞行轨迹。

二、高尔夫球飞行中的受力分析

高尔夫球在空中飞行时除了受重力作用外，还受到空气动力的作用，在这里可以分为三部分：一是阻力，作用在与球飞行相反的方向；二是升力，向上作用（在垂直平面），和球的运动方向成直角；三是偏转力（或称侧向力），作用在与其他两个力都成直角的方向上。偏转力在直击高尔夫球的情况下不存在，当我们确定球在飞行运动中升力和阻力的正确作用方式时，可以忽略它的作用。

（一）阻力对高尔夫球飞行的影响

当空气经过一个静止的球体时，在球体前部的空气流速会减慢，而在气流分开处的空气附近，球体侧面气流会相对加速。根据玛格努斯效应[①]可知，当任何流体流动得更快时，将产生更小的压力。这时在球后面会形成一个不规则的涡流区，球体侧面周围区域为低压区，球体前面静止的空气所在的区域为高压区；当空气流过球体两侧低压区时，球体后面的尾波就形成了涡流区而成为流动的阻力。

前面的高压区和后面的涡流区的压力差是阻力的主要来源，而在空气和球体表面之间产生的一些直接摩擦，对总阻力的影响很小，甚至可忽略掉。这也是“麻脸”高尔夫球能加长飞行距离的原因——虽然提高了小幅度摩擦力但却减小了涡流区面积，进而大幅度减小了压差阻力。

---

① 当一个物体在流体中旋转时，会受到一个与旋转方向垂直的力，这种效应被称为马格努斯效应。

（二）升力对高尔夫球飞行的影响

当空气流过球体时球体做下旋，球体表面的旋转拖动其周围的一些空气，这种效应将使气流在球体顶部流动得更快，降低这里的压力；同时气流流过球体底部时将因受阻而减速，比不旋转球体的相同位置的压力要大。这样产生的自下而上的作用力称为升力。

升力在任何时刻总是作用在与飞行方向成直角的方向上。在击球过程中，球旋转产生升力，升力在球的飞行路线中给球来了一点“空中滑翔”，使球在空中保持足够长的时间，而不必用击球获得的许多初始能量来爬高。

因此，在飞行过程中作用在高尔夫球上的阻力取决于球的飞行速度；升力和偏转力取决于高尔夫球的旋转——升力取决于后旋，偏转力取决于侧旋。这三种空气动力随着高尔夫球在飞行中速度减慢而一起变小，球本身的重力因为在垂直平面向下作用而始终不变。

三、高尔夫球落地后的受力分析

高尔夫球落地经过几次弹跳后，会进入在地面的滑动和滚动阶段，这时摩擦力逐渐开始发生作用，该原理更适合我们的推杆技术。推击球起初高尔夫球根本不滚动，只是滑动，球体表面和草之间的滑动摩擦力会让球慢慢减速。由于摩擦力作用在球的边缘，所以球开始旋转。

由于摩擦力不断增加旋转速度并减小前进速度，当到达一定时间点时，球将以适宜的速度滚动，而没有滑动。球在滚动时受到的摩擦力小，球所受到的摩擦力大小受草的粗糙程度影响。

四、九种飞行轨迹

高尔夫球的飞行轨迹（不包括飞行弧度）是由挥杆杆头运行轨迹（相对于目标线而言）和击球瞬间杆面的状态共同决定的。挥杆杆头轨迹是由身体的转动和手臂的挥动来控制的，击球瞬间的杆面状态则是由前臂的屈腕伸腕肌群控制的。因此，我们可以打出三类九种球路（以下是基于球击打在杆面上的甜蜜点并结合 D 平面来进行分析的）。具体如表 3-1～表 3-3

以及图 3-1～图 3-3 所示。

表 3-1　三种杆面角度与杆头轨迹的关系（一）

种类	杆面角度与杆头轨迹的关系
直线球	杆面方正×挥杆轨迹方正（杆面朝右×杆头轨迹在左、杆面朝左×杆头轨迹朝右，角度都达到 1：3）
直出左曲球	杆面在轨迹的左边×杆面朝左，轨迹朝右
直出右曲球	杆面在轨迹的右边×杆面朝右，轨迹朝左

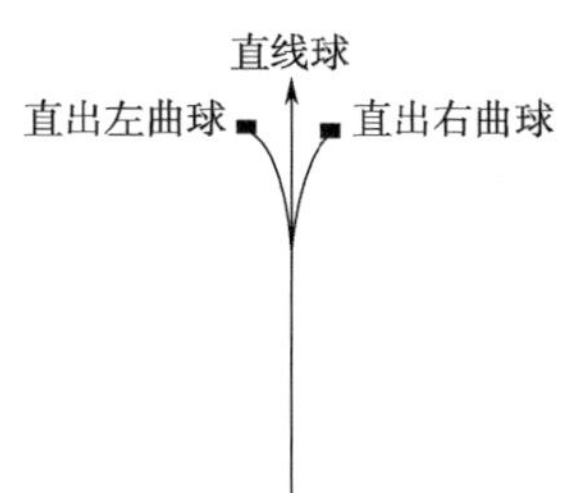

图 3-1　三种飞行路线（一）

表 3-2　三种杆面角度与杆头轨迹的关系（二）

种类	杆面角度与杆头轨迹的关系
左拉直球	杆面朝左×轨迹朝左（此时杆面与轨迹重合，D 平面方正）
左拉左曲球	杆面在轨迹的左边×杆面朝左（左于初始方向），轨迹朝右
左拉右曲球	杆面在轨迹的右边×杆面朝右（不一定右），轨迹朝左（一定左）

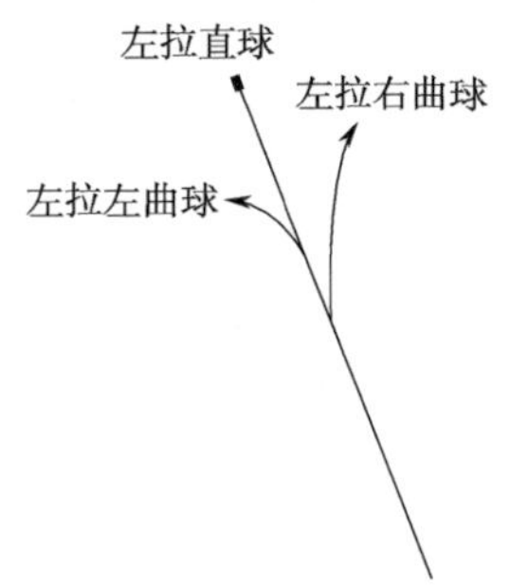

图 3-2　三种飞行路线（二）

表 3-3 三种杆面角度与杆头轨迹的关系（三）

种类	杆面角度与杆头轨迹的关系
右推直球	杆面朝右×轨迹朝右（此时杆面与轨迹重合，D 平面方正）
右推右曲球	杆面在轨迹的右边×杆面朝右（右于初始方向），轨迹朝左
右推左曲球	杆面在轨迹的左边×杆面朝左（不一定左），轨迹朝右（一定右）

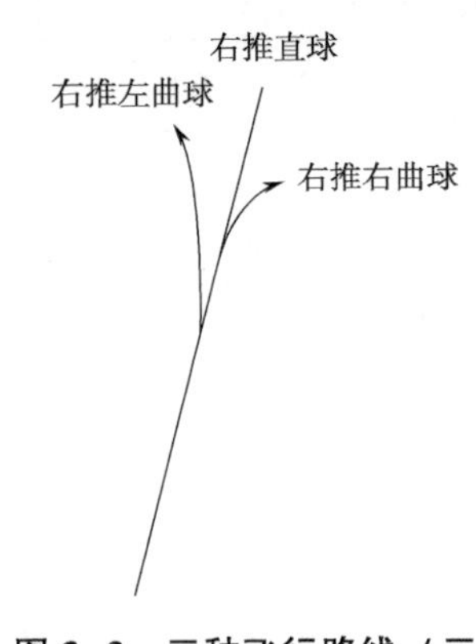

图 3-3 三种飞行路线（三）

第二节 挥杆前的准备

当你踏入高尔夫的绿茵世界，每一次挥杆前的精心准备都是成功的一半。本节将引领您深入探索握杆的艺术、站姿与站位的奥秘，以及瞄准的精准之道。从细节出发，做好您的挥杆前准备，让每一次击球都充满力量与精准，开启高尔夫之旅的新篇章！

一、握杆

（一）握杆方法

高尔夫球的握杆方法是高尔夫球基本动作中最基本的环节，握杆方法主要影响方向和距离，同时受握杆方法影响的球的飞行规律还有杆头速度、击球中心度和击球角度。以正手握杆为例，握杆左手在上，右手在下，左手的手背应正对目标方向，握把穿过左手食指第二关节和左手小鱼际；大拇指向下按压握把，拇指内测对准球杆的正上方。同时，拇指与食指之间形成的虎口延长线大致指向右耳或右耳与右肩之间，右手掌心面向目标，握把倾斜通过食指第三关节和小指的根部。食指中指、无名指钩住握把，大拇指向下按压握把，拇指的内侧缝对准球杆的正上方。大拇指与食指紧密地包裹握把，右手食指第三关节从球杆的右侧向目标方向施加压力的感觉。双手拇指与食指形成的虎口延长线保持平行。

在握杆的过程中要保持力度适当。握杆太紧会导致手臂肌肉紧张，握杆太松手臂将无法用力，这些都会使挥杆和击球的动作变形，影响技术动作的质量。在实际的练习中，会因为双手握杆方式不对而出现弱势握杆击球，杆面仰角加大，呈开放状态，使球的飞行路线发生右曲。如果强势握杆击球，则因杆面仰角减小，严重时会使杆面关闭，使球的飞行路线发生左曲。可见，握杆太过强势或太过弱势都会使球的飞行路线脱离预期路线，是影响高尔夫球运动成绩的主要因素之一。

（二）握杆的三种方式

常见的握杆方式三种，双手抓握球杆的动作基本一致，主要区别于双手的连接方式。

1. 互锁式握杆（图 3-4）

互锁式握杆时右手小指与左手食指扣在一起，其余动作不变。该握杆方式适合手型小、手指粗、力量不大、挥杆速度不快的群体。这种握杆方式在高尔夫球业余爱好者中最受欢迎。

若想有比较好的击球感觉，可以采用互锁式握法。在对距离和方向要求较高时（比如在果岭边缘做短切时），击球感觉（距离感和方向感）是极为重要的。

2. 十指式握杆（或称棒球式握杆）（图 3-5）

十指式握杆时双手既不交叉也不重叠。这种握杆方式的缺点是很难实现精准地控制杆头。这种握杆是手腕及手臂力量不足的儿童和老年人的主要握杆方式。

图 3-4　互锁式握杆

如果想打出落地滚动球，采用十指式握杆的握法是很好的选择，可以利用杆头的趾部增加球的左旋，进而增加球的滚动距离。

图 3-5　十指式握杆

3. 重叠式握杆（或称瓦顿重叠式）（图 3-6）

重叠式握杆时右手的小指叠放在左手的食指上。该握杆方式适合手掌大、手指细长、力量大、挥杆速度快的人群。这种握杆也是被职业球员广泛使用的握杆方式。

图 3-6　重叠式握杆

（三）握杆的三种态势

本书所讲的握杆态势是对右手选手以左手握杆的姿势和位置而言的。

1. 中性握杆（图 3-7）

双手平行握杆，左手虎口的延长线指向右耳，右手虎口指向右肩，简而言之就是双手虎口的延长线指向右耳和右肩之间即为中性握杆。

2. 强势握杆（图 3-8）

强势握杆容易打出左曲球，也是目前较为常见的握法。与中性握杆相比，这种握法左手位置偏右握，握杆完成后左右手的两个 V 字形均指向身体的右侧，从上往下看可以看见左手食指、中指、无名指三个指关节。强势

图 3-7 中性握杆

握杆击球比较强劲有力，杆面仰角减小，呈关闭状态，使球的飞行路线发生左曲。

图 3-8 强势握杆

3. 弱势握杆（图 3-9）

弱势握杆容易打出右曲球。使用这种握法左手位置偏向握把下方，握杆完成后左右手的两个 V 字形均指向身体的左侧。同中性握杆相比，使用这种握法从上往下看可以看见左手食指一个指关节。弱势握杆击球，杆面仰角加大呈开放状态，使球的飞行路线发生右曲。

图 3-9　弱势握杆

无论使用哪一种方式握杆，都要尽量减小两手之间的缝隙，使其成为一个整体。

（四）握杆的一般步骤（以右手球员为例）

（1）从握把最上端起向下 2 厘米处开始握杆，将球杆斜过左手掌，范围在食指第二关节至小指根部下方（图 3-10、图 3-11）。

（2）左手拇指对准握把商标处，放在接近杆身的握把端，手掌根部的肉垫顶住握把底端，其余手指依次握紧，自然握住球杆，中指、无名指指尖触及大鱼际，食指第二指节钩住球杆，拇指正对杆面并比食指突出一个关节（图 3-12）。

图 3-10　握杆的一般步骤（一）

图 3-11　握杆的一般步骤（二）

（3）右手掌心与左手掌心相对（图 3-13），用手指握杆，右手拇指完全包裹住左手拇指，指尖稍偏左指向杆面（图 3-14）。

图 3-12　握杆的一般步骤（三）

图 3-13　握杆的一般步骤（四）

图 3-14 握杆的一般步骤（五）

（4）食指、中指、无名指均以第二指握住杆把，右手食指要有扣扳机的感觉（图 3-15）。

图 3-15 握杆的一般步骤（六）

（五）握杆注意事项

（1）握杆时双手与球杆间应紧密无缝隙且握杆牢固。

（2）无论采用哪种方式握杆，双手都应紧密结合且有整体感。

（3）左手的拇指和食指要形成 V 字形。

（4）养成握杆牢固、适度有力的习惯。

二、站姿

正确站姿的作用是在挥杆的过程中为身体取得良好的平衡，由下肢提供稳定支撑，带动躯干平稳转动，使身体各部位协调用力，让释放出来的力量流畅自如。

（1）在做准备姿势时应双脚平行站位，两脚尖连线与肩同宽，双膝微屈，自髋部以上上体稍前倾，收腹提臀，背部自然挺直呈放松状态，双手自然下垂握住球杆，身体的重心放在前脚掌上（图 3-16）。

图 3-16　站姿动作（一）

（2）双臂双肩自然放松，双臂自然下垂并伸直，上臂夹住上体。双手按自己适合的方式握杆，双肘指向臀部两侧，双肩双臂保持三角形（图 3-17）。

图 3-17　站姿动作（二）

（3）从正面观察，左肩稍高于右肩，头部稍偏向右侧，使左耳或左眼对准球（图 3-18）。

图 3-18　站姿动作（三）

双脚站好位置时，左脚的角度决定击球的质量。双脚分开的宽度是根据球杆的长度不同而略有不同的。

三、站位

站位是指在挥杆前身体各部位为了击球而做的准备姿态。

球员找准站姿，杆头着地，就可以认定已经站位。但是在障碍区内，因为站位时球杆不许碰到障碍区内的任何物体，所以只要找准站姿，就可以认定为已经站位。在果岭推球时，球员先将推杆放在球的前方，然后再挪回球的后方推球。这时，以球员将推杆放在球的前方时认定为已经站位。

（一）双脚的位置

1. 双脚宽度因杆而异

适当的双脚宽度有利于身体的转动及稳定性，更有助于力量的发挥。

2. 脚尖方向因人而异

左脚尖向外打开 20°～30°，右脚尖与目标线垂直或微开。如果球员的柔韧性较好，左脚尖打开角度应稍小，以便获得更好的支撑；如果球员能很好地控制球杆，右脚尖可以打开角度大些，以便获得更大的上杆幅度。

（二）站位的种类

不同站位的挥杆路径也不同，按照双脚连线与目标线所呈的夹角，站位可以分为平行式站位、开放式站位和关闭式站位。

1. 平行式站位（图 3–19）

双脚连线与目标线平行。挥杆的路径为由内而内，能够打出直行球。这种站位最适合初学者。

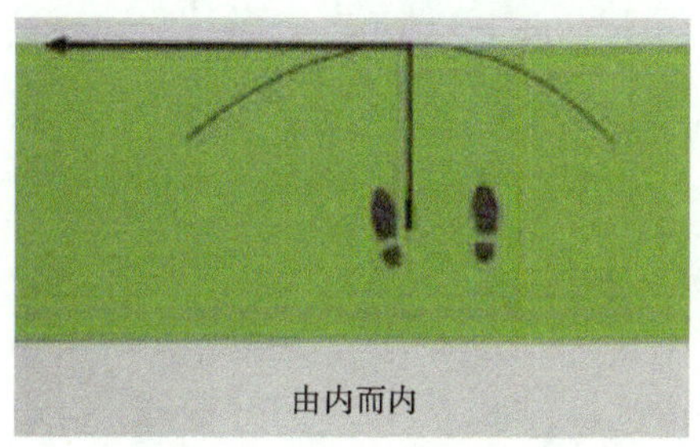

图 3–19　平行式站位

2. 开放式站位（图 3-20）

右脚在前，左脚略微在后。挥杆的路径为由外而内，杆面呈开放状态，击球距离缩短，容易打出右曲球。这种站位的优点是方向性好，多在不追求距离而强调方向的中短距离击球时采用。较其他站位而言，开放式站位身体转动和送杆相对容易，初学者应多采用这种站位开始练习。

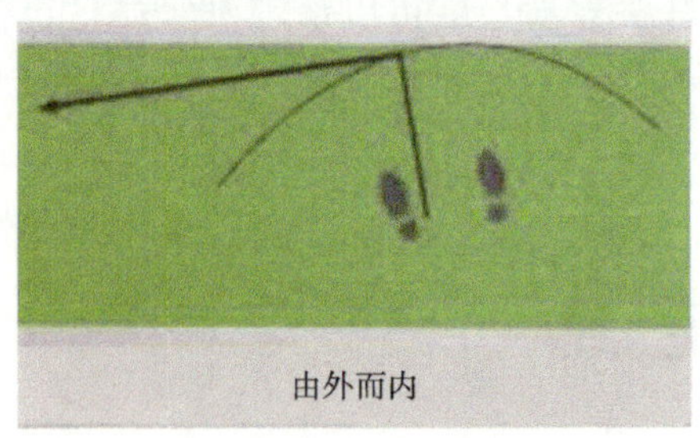

图 3-20　开放式站位

3. 关闭式站位（图 3-21）

左脚在前，右脚略微在后。挥杆的路径为由内而外，杆面呈关闭状态，击球距离因弹道较低而随滚动距离增加而增加，容易打出左曲球。这种站位不利身体转动和送杆。

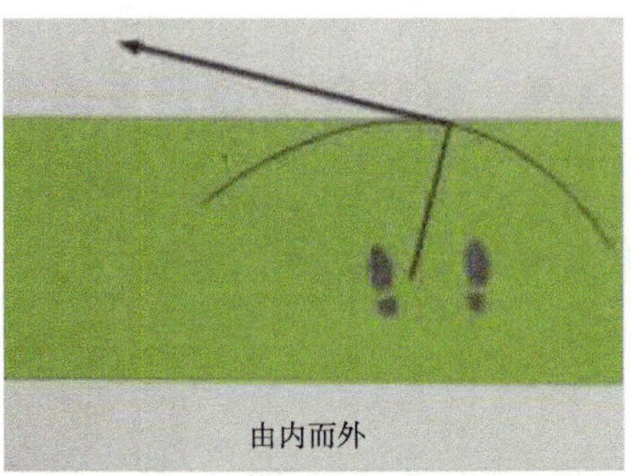

图 3-21　关闭式站位

四、球杆与身体的距离

球与身体保持稳定、合适的距离是由球杆和身体的距离决定的。完成站位以后双手自然下垂握住球杆为正确，双手握杆时球杆离身体过远或过近都是不正确的（图 3-22）。

图 3-22　球杆与身体的距离

若球杆与身体的距离过窄，则挥杆动作不能舒展自如；过宽则给人以手臂与身体分离的感觉，同时转体产生的挥杆加速度在击球的瞬间也不能充分地传递到杆头。

五、球位

球位是指根据球杆的不同将球放置于双脚之间的不同位置。球杆不同，球在双脚间摆放的位置也不同，从 1 号木杆到 9 号铁杆球位会逐渐后移，站位逐渐变窄，人与球的距离逐渐缩短。球位的选择直接影响挥杆路径和挥杆平面。球位的选择与球员的握杆方式、个体特征（高、矮、胖、瘦）及挥杆类型等有关，是击球准备中与握杆具有同等意义的重要环节。

准确击球的前提之一是球位正确，在挥杆过程中杆头的运行轨迹是一个圆形轨迹，此时左臂应完全舒展且与球杆成一条直线，通过身体旋转并利用球杆画出弧线，球杆的杆头与球的交点应该是这个圆弧的最低点。球位的选择决定球杆杆头能否在杆面方正时经过圆弧的最低点，并准确击球。

六、瞄准

瞄准是指球员在瞄准目标的过程中所做的准备，杆面和身体都对准目标或平行于目标即为瞄准。方向和距离是决定高尔夫球比赛成绩的两大重要因素，其中方向尤为重要。这里我们主要介绍目标线、杆面瞄准和身体对准。

（一）目标线

首先，在确定的目标（如旗杆）的上方寻找一个比较大的参照物，可以是树木或山峰等。其次，在参照物与球位之间找一个目标的替代点，如打球留下的草痕或是一片落叶，一般是在球位前方约 1 米处。参照物、目标替代点和球位之间三点连线，这条连线就是目标线（图 3–23）。

图 3–23　目标线

（二）杆面瞄准

双眼沿着目标线看出，感觉杆面在球的正后方，杆面的线槽与目标线垂直（图 3-24）。这个过程的关键点是先杆面瞄准而后再站位。

图 3-24　杆面瞄准

（三）身体对准

杆面瞄准之后进行身体对准即将身体保持方正，双肩、双髋、双膝、双脚的连线与目标线平行（图 3-25）。

打直飞球时，可以把瞄准线想象成铁轨，铁轨的外侧是杆面和球的位置，身体的部位处在铁轨的内侧。身体对准的是与目标平行的点位。

杆面对准的步骤如下：

第一步：右手握杆，站在目标线的延长线上，眼睛朝目标上下瞄准，在前方约 30 厘米处沿目标线找出一个目标替代点。

第二步：把球杆置于球的后面，边瞄准边做调整，直到认为杆面对准了目标替代点为止。

图 3-25 身体对准

七、准备过程中不同球杆的差异

在高尔夫球比赛中，每名球员被允许带 14 支不同的球杆，球员需要利用它们打出完全不同效果的球。那么，怎样才能打出不同效果的球呢？除了运用挥杆技术以外，也需要使用不同的球杆以击出不同的效果。本书仅以 1 号木杆、长铁杆、中铁杆和短铁杆为例进行阐述。

（一）站位的宽度差异

使用不同的球杆，双脚的宽度不同。使用 1 号木杆双脚内侧的宽度同肩宽，双脚分开的宽度随着球杆杆号的增加而变窄。

（二）站位的身体重心分布差异

（1）使用 1 号木杆和长铁杆时，重心 60%在右脚上（图 3-26）。

（2）使用中铁杆时，重心在两脚中间（图 3-27）。

图 3-26 使用 1 号木杆

图 3-27 使用中铁杆

（3）使用短铁杆时，重心 60% 在左脚上（图 3-28）。

图 3-28　使用短铁杆

（三）球与身体距离的差异

如果能通过 1~2 个拳宽，表示球杆与身体的距离合适。球杆越短，杆尾离身体的距离就越近。除了短切杆和推杆，1 号木杆两个拳宽、铁杆一个拳宽的距离较为合适。

（四）球位放置的差异

（1）打 1 号木杆时，将球置于左脚跟内侧，双手置于左腿内侧（图 3-29）。

（2）打球道木杆（图 3-30）和长铁杆（图 3-31）时，将球置于两脚中间稍靠左，双手置于左腿内侧。

（3）打中铁杆时，将球置于两脚中间，双手置于左腿内侧（图 3-32）。

图 3-29　打 1 号木杆

图 3-30　打球道木杆

图 3-31　打长铁杆

图 3-32　打中铁杆

（4）打短铁杆时，将球置于两脚中间稍靠右，双手大约与球齐或稍在球的左侧（图 3-33）。

图 3-33　打短铁杆

第三节　建立持久的挥杆动作

挥杆是指挥动高尔夫球杆，击打静止于地面的高尔夫球的过程。挥杆是为了让球向目标移动，良好的挥杆动作是使球获得正确飞行方向和理想飞行距离的保证。挥杆的使用区域是发球区和球道区。

挥杆使用两种杆型：木杆和铁杆。木杆的用途是要将球击打到尽可能远的距离，适合在发球台和长距离击球时使用；铁杆追求的是准确性，早期铁杆是为解决疑难球位问题而设计的杆型，随着高尔夫球运动的沿革，铁杆逐渐演变成在追求准确度时特别是在攻击果岭时所必备的杆型。

通常木杆组有 5 支——1 号、3 号、4 号、5 号和 7 号，习惯上称为 1 号木、3 号木、4 号木、5 号木和 7 号木。铁杆组由 1 至 9 号的铁杆和劈起杆、挖起杆、沙坑杆等组成，其中 1 号至 4 号四支铁杆又称长铁杆，

5 号至 7 号三支铁杆又称中铁杆，8 号至 9 号两支铁杆又称短铁杆。进入 21 世纪以来，一种既有球道木杆性能又有铁杆性能的球杆颇受各级各类高尔夫球员的青睐，它就是铁木混合杆。

挥杆是一组连续动作，可以分解描述为引杆、上杆、下杆、击球、送杆、收杆。

挥杆时身体带动双臂及球杆运动，在杆头通过球位的瞬间，杆头的速度达到最大，实现对球的有力击打。击球动作蕴含在挥杆过程中，是这组连续动作中的一个环节，整个挥杆过程的终极目的就是对球进行有力击打，将球送向目标。

在这一节里我们介绍影响挥杆过程的六个要素和挥杆过程。

一、挥杆过程中的六个要素

（一）挥杆平面

挥杆平面（图 3-34）是指根据高尔夫球杆的杆身在准备姿势时的静态角度标定的平面，用以描述球杆挥动的路径和角度。从挥杆启动到结束，球杆围绕球员转动所画出的弧线和路径形成了挥杆动作的平面。

图 3-34　挥杆平面

挥杆平面的陡峭或扁平，是相对于挥杆平面与地面的夹角而言的。球员的身高、站姿，杆身的长度和仰角不同，挥杆平面也不同。

较为扁平的挥杆平面，倾向于从目标线内侧击球，打出的是左曲球；较为陡峭的挥杆平面倾向于沿目标线击球，击出直飞球，但有时也会导致从目标线外侧击球，打出的是右曲球。

（二）杆面角度

杆面角度是指垂直于杆面前缘与目标线之间的角度。也就是杆面在击球瞬间的朝向。这个角度对于控制球的飞行方向、距离和高度至关重要。为了方便起见，我们将把它称为杆面指向的方向。我们习惯用方正、开放和关闭来描述球杆杆面与击球方向的关系（图 3-35）。

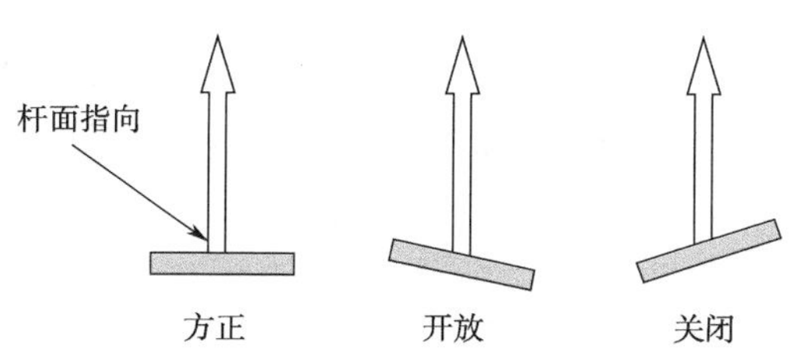

图 3-35　杆面角度示意图

（三）击球中心度

击球中心度是指球在球杆表面相对于打击点或“甜蜜点”的精确程度。击球的接触点可以是在杆面中心、杆头的趾部或跟部、“甜蜜点”的上部或下部（图 3-36）。方正击球是使球获得正确飞行方向和尽可能理想飞行距离的关键环节，击球点的偏差越大，方向和距离偏差就越大。

杆头在非中心部位击球时，杆头绕着自己的重心旋转，通常称为齿轮效应。当击球时杆头的趾部触球时，球会产生逆时针的旋转；当杆头的跟部触球时，球会产生顺时针的旋转。球杆的重心距离球杆面越远，齿轮效应的影响越强；反之，则越弱。木杆的齿轮效应要强于铁杆。

杆面的凸起是帮助球员获得更佳击球效果的一种方法，一般用于木杆的设计之中（图 3-37）。它会影响球的初始飞行方向和倒旋。

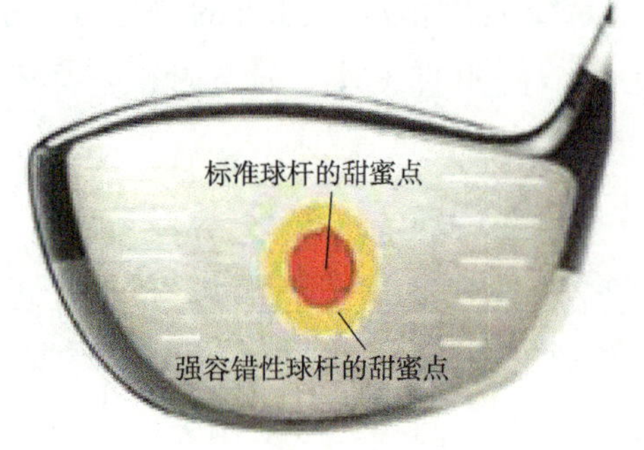

图 3-36　甜蜜点

图 3-37　杆面的凸起

首先，如果击球时接触点在趾部，那么杆面凸起会让球的飞行方向偏中心右边；如果击球时接触点在跟部，那么杆面凸起会让球的飞行方向偏向中心左边。这两种效果的产生都是为了平衡齿轮效应，帮助球最终飞向目标方向。因此，击球时杆面趾部触球，球因为齿轮效应产生了逆时针的旋转，杆面凸起则使球更多地向右边飞行，这样就可以补偿齿轮效应造成的逆时针旋转，使球最终飞向目标方向。其次，杆面凸起的设计意味着尽管在击球的瞬间杆面是方正的，但是如果击球接触点在杆面的趾部，那么接触点的杆面是开放的；如果击球接触点是在杆面的跟部，那么接触点的杆面是关闭的。

（四）击球角度

击球角度是指杆头前挥杆时形成的轨迹与地面形成的角度。三种理想的击球状况是：杆头向下运行时击球，杆头轨迹与地面平行时击球，杆头从最低点向上运行时击球。

1. 使用中、短铁杆时的击球角度

使用中、短铁杆时采用杆头向下运行击球（图 3-38），即杆头在到达挥杆平面最低点即下杆底点之前击球，向下挥杆击球使球杆的有效倾角变小，球产生后旋，且弹道变高。在攻果岭时更多地使用中、短铁杆，为的是产生理想的弹道，并能落地停球。

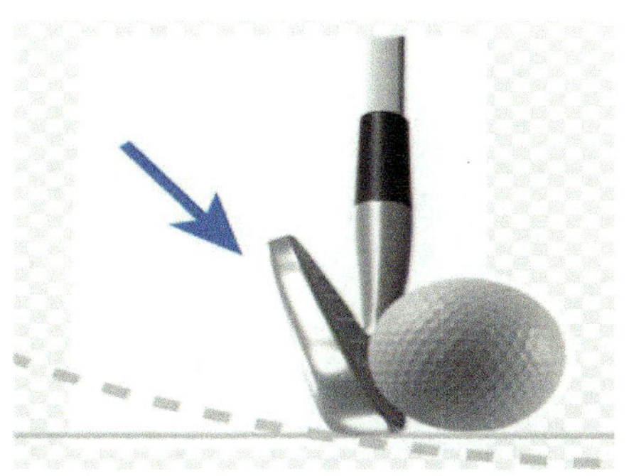

图 3-38 使用中、短铁杆时的击球角度

2. 使用长铁杆、球道木杆时的击球角度

使用长铁杆、球道木杆时采用杆头轨迹与地面平行时击球（图 3-39），即杆头在挥杆平面的最低点击球，此时的杆面正对球位，击出球的弹道完全取决于杆面的角度，以保证获得正确的方向和理想的距离。

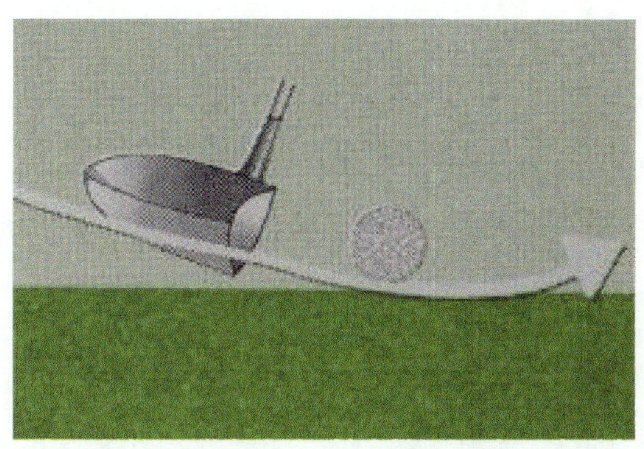

图 3-39 使用长铁杆、球道木杆时的击球角度

3. 使用 1 号木杆时的击球角度

使用 1 号木杆时杆头过下杆底点后向上运行击球（图 3-40），即杆头经过挥杆平面最低点后以向上的角度将球击出，球向前旋转，弹道较低，球的飞行距离较远，满足开球时追求距离的要求，是在发球台上架球座开球的最佳击球方法。

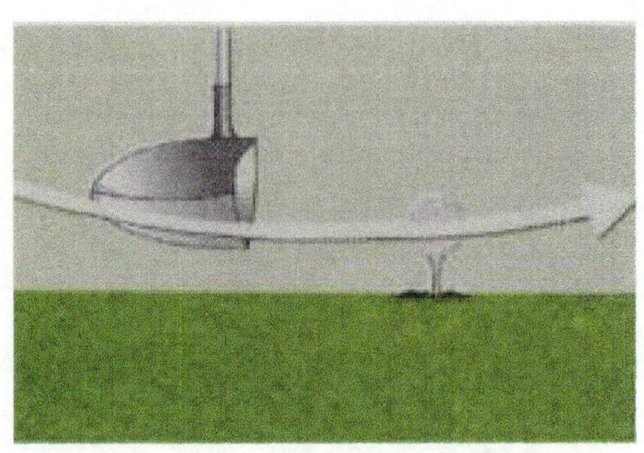

图 3-40　使用 1 号木杆时的击球角度

（五）杆头速度

杆头速度是指杆头的运动速度。杆头速度通常是在击球瞬间测量的。杆头速度会影响球的飞行距离、轨迹和曲率。

当杆头速度增加的时候，击球时杆头与球的接触距离、球的倒旋速度、球飞行的最高点都会增加。如果不是方正击球，那么球在空中的飞行曲线角度也会增加。

（六）杆头轨迹

杆头轨迹是指杆头在触及球的瞬间（包括击球前、击球过程中和击球后）的移动轨迹的方向。杆面角度和杆头轨迹是产生球的不同飞行轨迹的两个主要因素。

随着杆面对齐，杆头摆动路径的方向对击球的整体状态有很大的影响。在击球瞬间，用来描述杆头轨迹的术语包括：内侧—方正—内侧，即杆面向目标方向移动；内侧—外侧，即杆面向击球目标右侧移动；外侧—内侧，即杆面向击球目标左侧移动（图 3-41）。

1. 内侧—方正—内侧

下杆时，杆头首先从目标线的内侧开始运动，然后逐渐转向与目标线方向一致，最后在送杆阶段再次回到目标线的内侧。

这种杆头轨迹是理想的杆头轨迹，有助于球员更好地控制球的飞行线路，提高击球的准确性和稳定性。在杆面保持方正的情况下，更容易击出直球。

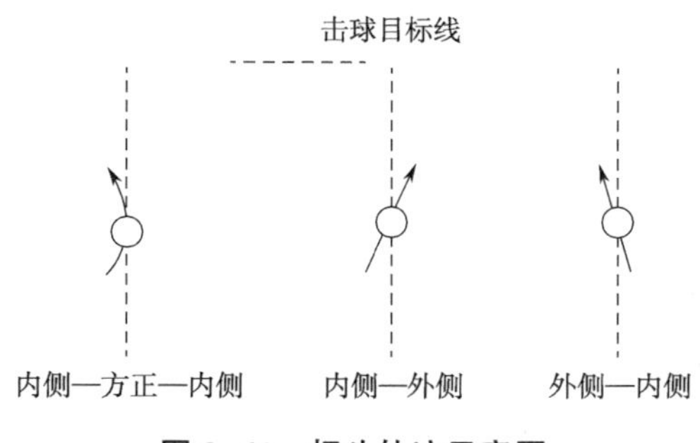

图 3-41　杆头轨迹示意图

2. 内侧—外侧

挥杆时，杆头先从目标线内侧下杆，在与目标线交叉后向目标线外侧送杆。

这种轨迹容易产生向右的击球方向，与左曲球的产生有紧密的联系。

3. 外侧—内侧

挥杆时，杆头先从目标线外侧下杆，在与目标线交叉后向目标线内侧送杆。

这种轨迹容易产生向左或先向左后向右的击球方向，与右曲球的产生有紧密的联系。

二、全挥杆过程中的动作解析

下面将带您深入探索高尔夫全挥杆的奥秘，从站姿的稳固、握杆的精准，到起杆的流畅、上杆的蓄力，再到下杆的爆发力释放与收杆的完美收尾，每一步都蕴含着高尔夫的精髓与智慧。在这里，您将学会如何调动全身的力量，将杆头引导至最佳击球路径，让每一次挥杆成为对精准与美感的追求。

（一）起杆（图 3-42、图 3-43）

起杆时，手臂和身体要协调一致地转动。双手握杆，通过肩部的转动带动手臂和球杆。

（1）身体轻微旋转，胸椎旋转角度大于骨盆旋转角度。略微立腕上翘，后侧手肘关节自然放松，杆身与地面接近平行。

（2）前倾脊柱角度保持不变，杆身与目标线接近平行，杆面保持方正状态（无翻转），双手与球杆形成的 Y 形随着身体的旋转改变了指向，但与胸椎和手臂的相对位置仍然与准备动作保持一致。

（a）正面

（b）侧面

图 3-42　起杆（一）

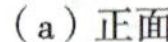

（a）正面

（b）侧面

图 3-43　起杆（二）

（二）上杆（图 3-44）

图 3-44　上杆

（1）上杆位置，目标侧手臂与地面接近平行，目标侧手臂与杆身形成 L 形，角度约为 90°。旋转轴心保持稳定，脊柱角度保持不变，目标侧肩低于非目标侧肩。

（2）杆身平面与准备姿势杆身平面平行，握把指向目标延长线附近；前侧手腕背部与小臂保持平直，不形成内翻腕或外翻腕。前倾脊柱角度保持不变，胸椎旋转使胸部接近指向目标方向对侧，后侧肘部自然弯曲形成一定的夹角。

上杆动作应遵守的原则如下：

第一，上杆时肩部转动一定要充分到位，转肩不到位容易打厚或打出右曲球。

第二，尽量避免头部晃动，以保持身体重心稳定。

第三，双臂应缓慢移动，上身起支撑作用。随着上杆的动作自然屈腕，然后转动肩部带动上身转动，最后杆头到达上杆顶点。

第四，杆头到达上杆顶点时，肩部应转过 90°，此时杆身与目标线平行。

（三）上杆到顶点（图 3-45）

上杆到顶点时，球杆应达到其上升的最高点，但并非简单地高举过头。关键是，杆头应指向一个合理的位置，这个位置既是上杆动作与下杆动作的转换点，也是两个动作节奏的转换点。上杆动作与下杆动作的转换不要过于急促，要留有空间，即留有上杆顶点的节奏。

（1）身体无侧向移动，顶点是上杆部分的最高位置、最大幅度。

（2）目标侧肩低于非目标侧肩，目标侧肩指向球位方向；身体旋转胸椎指向目标方向对侧，前倾脊柱角度保持不变，非目标侧大臂、小臂、手腕保持一定的角度，杠杆系统产生，杆面指向空中 45°附近；目标侧手腕与小臂保持平直，不形成内翻腕或外翻腕。

图 3-45　上杆到顶点

（四）下杆（图 3–46）

（1）目标侧手臂与杆身角度保持不变，身体开始向球的方向移动，并可能有身体轻微的下沉，身体骨盆旋转领先于胸椎旋转。

（2）前倾脊柱角度保持不变，非目标侧手臂角度保持不变，挥杆平面保持不变，杆面角度没有变化。

（五）释放

继续通过髋、肩的回转，积蓄能量，延迟能量的释放。

（1）目标侧手臂与杆身夹角开始变大，旋转轴心保持不变，重心更多向前侧线偏移；骨盆领先于胸椎的旋转接近或达到指向球位方向。

（2）身体前倾脊柱角度保持不变，挥杆平面保持不变，杆面角度没有变化，非目标侧手臂角度逐步打开。

图 3–46　下杆

（六）击球（图 3–47）

击球瞬间指的是杆头触球的时候，击球是真理体现的一刻，做任何挥杆改变的唯一目的就是要改进击球。

图 3-47　击球

(1) 杆身与目标侧手臂成直线，重心更多地靠目标侧，身体靠近前侧线；骨盆旋转先于胸椎旋转，胸椎旋转指向球位方向；身体、手臂、球杆呈倒 K 形。

(2) 杆身还原到接近准备姿势状态，前倾脊柱角度保持不变，非目标侧脚后跟抬起，杆面方正指向目标。

(七) 送杆和收杆 (图 3-48)

击球结束并不意味着挥杆过程结束，一定要有自然而充分的送杆阶段。送杆阶段的关键是重心的移动和身体的平衡。

(1) 送杆位置时，胸椎旋转角度将在这个环节超过骨盆旋转角度，指向接近目标的方向。

(2) 收杆位置时，胸椎旋转角度大于骨盆旋转角度，两侧肩膀连线指向目标方向。

图 3-48　送杆和收杆

第四节　短杆技术

掌握高尔夫短杆技术，从精准控球开始。本小节将深入浅出地引领您学习切杆、劈起杆与挖起杆技巧，强调身体平衡、手腕动作与力量控制，助您在不同距离与地形下精准放置球，提升成绩，享受每一次精准击球带来的乐趣。

临场策略需要就三个方面的因素做出研判：果岭速度和坡度、击球的高度和力度以及球的旋转。

一、切滚球

切滚球（图 3-49）的击球特点是球在空中飞行距离很短，落地之后的滚动距离较长。

（一）击球准备

站姿略窄，左脚向左打开大约 15°，重心左移，身体的主要重量在左脚上。站位时，双膝放松微屈，保持平衡。身体稍打开，双手位于球位的

图 3-49　切滚球

前方，切击球的球位更靠近非目标侧脚，能有效地减小杆面角度，形成稳定的手腕角度。切击与推击很相似，只是使用的球杆不同，手部不要有任何动作。

（二）上杆

左手腕保持平直稳固，以肩带动手臂，上杆幅度较小。

（三）击球与送杆

身体的主要重量保持在左侧，下杆击球时，肩膀以左侧身体为轴转动向目标侧，杆面保持方正，送杆幅度与上杆幅度基本一致。

（四）落点选择

使用不同的铁杆，球的飞行距离与滚动距离之比不同，如表 3-4 所示。

表 3-4　使用不同铁杆时球的飞行距离与滚动距离之比

铁杆型号	9	8	7	6	5	4
球的飞行距离与滚动距离之比	1：1	1：2	1：3	1：4	1：5	1：6

二、劈起球

劈起球（图 3-50）的击球特点是大部分时候在空中飞行，小部分时候在地面滚动，是指当果岭周围有击球需要越过距离较长的沙坑或长草区时，向上打起高球越过障碍并靠近球洞的技法。打劈起球一般选用劈起杆或沙坑杆。

图 3-50　劈起球

（一）击球准备

站姿与切滚球相同，杆面稍开放，球的位置在两脚中间，握杆稍短。

（二）上杆

采用陡峭上杆方式，劈击的挥杆幅度比切击大，注意屈腕时机视上杆幅度而定，一定要完成屈腕动作。

（三）击球与送杆

下杆击球时，保证平顺地加速以维持良好的击球节奏，击球后顺势送杆，注意轻松握杆。

（四）落点选择

一般从球位至目标球被击起的滚动距离是飞行距离的 1/3。不同情况下有不同的选择：地硬落点可距目标远些，地软则近；下坡落点应距目标远些，上坡近些。

（五）攻击旗杆

劈起球的落点一般比预想的距离要短，所以攻击的目标点一定要选择靠近旗杆的位置。

三、挖起杆击球

挖起杆击球是一项特殊的击球技术，是介于秋冬区域周围的各种击球技术和全挥杆技术之间的一种，通常击球距离在 40~100 码。

（一）击球准备

双脚站位较窄，准备动作与全挥杆类似。

（二）挥杆

挥杆动作接近于全挥杆动作，采用较前两者站位更宽一些的站位是为了支持挥杆产生更大的力量，以此来保证稳定的击球，身体目标侧肩、髋、膝、踝成一条直线；在上挥杆和下挥杆的整个过程中，尽量保持一致。

（三）球的落点

球的落点更接近目标，球的飞行距离与滚动距离比可达到 9∶1，甚至球在第一落点停球或向回滚动（初学者或高差点球员不宜使用该技术）。

第五节　推杆技术

推杆击球是指在果岭使用推杆并以推球进洞为目的所进行的击球过程。在一场 18 洞标准为 72 杆的高尔夫比赛中，数据统计显示：对于水平略低的球员，推杆在总杆数中所占的比率大约是 42%左右，而职业球员的成绩往往是由推杆的好坏决定的。如果说挥杆是在过程中追求完美，那么推杆就是在追求结果的完美。

与球员需要配置多支挥杆不同的是，球员一般只配置一支推杆，而且有经验的球员是不经常更换推杆的。推杆技术动作也没有挥杆那么复杂，如果说挥杆是球员间力量的博弈，那么推杆则是球员心理素质的博弈。

一场标准的高尔夫球比赛 18 个球洞所处的果岭形状各异，复杂纷呈。球员可以选择使用各种类型的推杆，如长距推杆、短距推杆、上坡推杆、下坡推杆等来实现对于目标的攻击。实战中，在同一个果岭、同一个位置上使用同一个推杆，推出的球的线路不是完全相同的，这也正是高尔夫球运动的魅力所在。

一、推杆基本要领

（一）击球准备

1. 站姿

双脚开立至最具舒适感的距离（一般与肩同宽），推杆时的双脚站位也有好几种形式，比如开放站位和关闭站位，但许多球员选择正脚位站位。正脚位站位的要领是双脚平行站位，双脚脚尖连线与肩膀平行，身体与击球时的站位一样，双手自然下垂，双肘弯曲贴近两侧的腹部，重心平均分布在双脚上（图 3-51）。

2. 握杆

握杆的方式有很多种，没有固定的标准，着重强调双手握杆时要有较为舒适的一体感，杆面垂直推击线。注意握杆力度要适当，握杆太紧会使手、手臂和肩部的肌肉紧张，导致动作变形，影响推杆质量。多数球员采用重叠式握法或者双手交叉式握法。

3. 球位

球位在身体中间偏左约两个球，左眼正下方的位置。

4. 瞄准

观察果岭的走向之后再确定推击线路，一般建议在高尔夫球上画一条线，使该线与推击线重合，再使用推杆杆面的甜蜜点对准该条线，同时保

图 3-51　击球准备

证推击过程中杆面方正。

杆面瞄准的步骤为：首先让杆面与目标线保持方正，然后根据杆面让身体各部位的连线与杆面垂直。

先放置推杆，后调整身体站位：预备击球时，应首先将杆头放置在球后并瞄准目标，然后再相应调整身体站位。多数球员是先站位后放置球杆，这很容易造成瞄球错误。

（二）推杆击球的六个关键因素

1. 击球时的杆头运动轨迹

击球时的杆头运动轨迹应与地面平行。为了让推杆击球更加顺畅，挥杆时不应该贴紧地面运动，杆头后摆和前摆形成的路径是一个两头轻微上翘、弯曲的轨道（图 3-52）。杆头轨迹决定球在果岭的滚动方向。

2. 击球时的杆面方向

与挥杆相同，击球时的杆面方向有三种方式：杆面方正、杆面开放和杆面关闭。这是决定球在果岭滚动方向的关键因素。

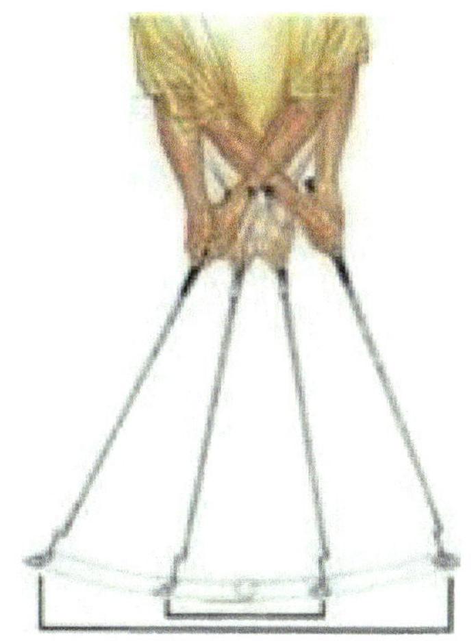

图 3-52　击球时的杆头运动轨迹

3. 甜蜜点击球

要求使用杆面的甜蜜点击球，非甜蜜点击球会造成距离损失。

4. 击球角度

击球角度分三种，即杆头向上、向下或水平移动击中球，它决定球的旋转程度，是影响距离的因素。

5. 杆头速度

在击球时杆头速度与球的滚动成正比，所以杆头速度是影响距离的关键因素。在推杆时大多数业余球员会发生让杆头做减速运动的错误，实际上在推杆过程中杆头要加速通过球，保持一个良好的节奏。

6. 击球动作

推杆时要保持身体和头部的相对静止，由上臂和肩部的力量带动推杆。如果手、手腕和肩的运动不协调，就很难实现对方向和距离的控制。所以，平稳而有节奏的击球动作对于取得好的成绩至关重要。后上杆和送杆的幅度要基本保持一致，良好的节奏感会提高对距离的控制程度。

（三）推杆动作解析

（1）与挥杆不同的是，在整个推杆过程中站姿是基本保持不变的，尤其要求身体没有任何水平的移动，以保持良好的推杆稳定性。

（2）上身向前弯曲到肩部可以舒适的自然摆动为止，挺胸收臀，双腿微曲，大腿要没有后拉的感觉，保持重心稳定。

（3）双臂自然下垂握杆，双手与身体保持合适的距离，以杆头可以平行移动直线击球为宜，始终保持双肩与手臂形成一个倒悬的三角形，手腕与杆身平行。

（4）为保证推杆时杆头平行移动，需要手腕动作保持不变，不能有任何弯曲动作，击球瞬间手腕动作保持不变，肩部带动手臂和杆头以挥杆中心点为轴做钟摆运动。杆头始终在推击线上移动，杆面与推击线成直角（图3-53）。

图3-53　杆面与推击线成直角

（5）推杆时眼睛要盯住球与杆面接触的部位，而不是盯住球。目光不随球杆移动是非常重要的，不然会引起头部移动，进而影响击球的稳定性。具有良好推杆技能的球员，眼睛只是盯着球的后面，而不是随着球杆有任何的移动。

（四）推杆的全过程

1. 上杆（图3-54）

（1）上杆时，双肩以挥杆中心为轴向右转动，杆头稍离地面，沿推击线平行向右移动。

（2）要注意感受杆头的重量，通过上杆幅度的大小来控制距离。

图 3-54　上杆

（3）上杆幅度的大小决定推球的距离，距离越长，上杆的幅度应越大。

（4）动作平稳有节奏感，良好的节奏是距离控制的不二法门。

长推杆的摆动幅度大而流畅，动作慢而轻，节奏协调。这需要较宽的站位。握杆稍轻，用肩部和手臂挥杆，手腕保持不动，头和身体也同样相对静止。挥杆时杆头像钟摆一样运动，即杆头路径是一个两头向上翘、弯曲的弧线。不要对方向太过在意，关键是要稳定击球，并让球有一个良好的滚动。

2. 下杆（图 3-55）

（1）下杆时，由双肩的转动左手引导、右手辅助完成推击。推击时头部保持不动，双眼不要过早地去看球，杆头沿原路线返回并方正击球。

（2）推杆的杆面倾角虽然很小，但是非常重要，如果没有这个角度，推出的球会产生弹跳，影响距离和方向，所以击球时一定要注意保持这个角度。

（3）与其他球杆击球相反，在高尔夫球推杆的过程中需要更多的是正旋转球，一次正确的击球会形成向目标方向旋转的球，前旋是球紧贴地面向前滚动的保障，推杆杆头和动作的设计就是为了达成前旋的击球，否则会出现球跳跃和滚动过程减速过快的情况。

图 3-55 下杆

3. 送杆（图 3-56）

（1）送杆时，双肩以挥杆中心为轴向左转动，左手腕与球杆的角度保持不变。

图 3-56 送杆

（2）手腕保持固定，肩部与双臂所形成的倒悬三角形保持不变。

（3）送杆与上杆是完全对称的运动，并且节奏相同。

短推杆追求的是准确，所以开始时的站姿必须紧凑，以利于控制。从髋部往前弯曲稍多一点，双脚靠前一些，也就是站位较长，推杆要窄，身体要低，但不能让身体失去平衡。利用肩部和手臂相对微小的动作，结合手和手腕的小块肌肉带动球杆运动。

二、推杆的方向和距离判断

世界上没有两个完全相同的果岭，球会随机地落在上面的任何地方，果岭线路千变万化，球位千差万别，一路挥杆奋战将球攻上果岭的球员要面对的就是这样一种随机的选择。

对于任何球员而言，无论遇到什么样的果岭和球位，推球入洞的不二选择是对于果岭做出研判，制定出推击路线，也就是判断出推杆的方向和距离并付诸实践。这里球员之间较量的不仅仅是技术和经验，而且在智慧、心理素质和控制力方面的对抗能力显得尤为重要。

（一）方向判断

（1）对方向影响较大的主要是果岭的坡度和草的纹路。向前滚动的球出现球路弯曲转折的原因有二：一是球位与球洞之间的坡度对球路产生了影响；二是草的纹路对滚动中的球产生的阻力使球路发生了左曲或右曲。坡度相同时，所处的果岭速度越快，球受草纹影响的程度就越大；相反，速度越慢，影响越小。

（2）从球的后面研判推击路线，确定是左侧坡还是右侧坡以及坡度的大小，进而确定球路的弯曲度的大小。

（3）到球洞的后面复查推击路线，验证是否正确。在坡度复杂的球洞区上，从不同的角度观察会得出不同的结论。

（4）研判草纹的办法是通过仔细观察果岭上草生长的整体走向来研判草的纹路。

（二）距离判断

推杆距离有两个层面的意义：一是球位与球洞的距离；二是一次推杆将球送出的距离。

影响推杆的距离有两方面的因素：距离感和力量的使用。

（1）推球的距离感来自挥杆的强弱和击球的感觉。反复多次不同距离的推杆练习可以帮助球员找出适合自己的上杆幅度和击球速度。

（2）徒步测量球位到球洞的距离是对凭经验和感觉产生的距离感进行复核的好办法。

（3）用击球力量即杆头速度控制推球的距离。相同的击球幅度，用力不同则杆头速度不同，击出球的距离也不同。

（4）用挥杆幅度控制推球距离。距离越长，挥杆幅度越大，反之亦然。

（5）是使用控制击球力量的方法还是使用控制挥杆幅度的方法来控制推球的距离，是各有侧重还是两者结合，要根据个人的体貌特征和喜好来决定。

（6）对推杆时发力大小的判断的非常重要的一部分来源于对果岭的研判。

距离是通过挥杆幅度和节奏来控制的。上杆幅度越大，球推得越远。方向和节奏决定了推球的稳定性，是最主要的控制速度和距离的因素。

三、果岭研判

果岭形状各异，地貌复杂纷呈。良好的果岭研判可以帮助球员正确判断球的弯曲拐点和滚动速度，设定出正确的推击路线，有效减少推杆次数。

对于果岭的研判有两方面的内容：研判果岭快慢以确定球的滚动速度；研判果岭的转折以确定推击路线，借助坡度的作用实现推球入洞。

（一）研判果岭速度

具有丰富经验的高尔夫球员将果岭分为慢速和快速，研判果岭速度的口诀是：

第一，上坡慢，下坡快。

第二，逆草慢，顺草快。

第三，潮湿慢，干燥快。

第四，冬天慢，夏天快。

第五，长草慢，短草快。

慢速果岭的特点是球移动的阻力大，球运行的弯曲度小。推球时要克服阻力就要增加力量，提高杆头速度，加大球的冲击力。球的冲击力与果岭坡度影响是相互制约的关系，这种情况下设定推球路线的弯曲程度要小一些。

快速果岭的特点是球移动的阻力小，球运行的弯曲度也大。推击用力要轻，设定推球路线的弯曲程度要相应加大。

另外，影响果岭速度的因素还有草的品种、球场对草的管理状况，以及雨天、风力、风向等。

（二）研判果岭转折

果岭转折是指高尔夫球在果岭上由于坡度和草纹的变化而改变了滚动路线。转折点就是高尔夫球在果岭上开始改变滚动路线的地点。

坡度和朝向是影响球滚动路线的第一因素。草纹的顺逆会使球的滚动发生变化。球的速度是使球路受客观条件影响发生转折的重要因素，球速越慢，所受影响越大。

四、推杆程序

推杆程序如下：

（1）在果岭上自己的球位处用球标做好标记，捡起球，擦拭干净后将球放回原处。无论距离远近，环顾四周观察球与球洞之间的实际距离、坡度以及草纹，进行实地研判。

（2）先从球的后方研判，再从球的前方研判，以最终确定推杆路线。

（3）根据研判后的推杆路线推杆，有转折点的话把高尔夫球上画的辅助线对准转折点，没有的话就直接对准目标。

（4）收起球标，做击球准备，在击球前做一次试挥。

（5）站好位，抬头看球洞一次后，将球推出。

（6）将球推出后，保持原来姿势不动 2 秒钟（默数），然后抬头看球，以此来提高推杆时杆面方正概率。

第四章
高尔夫球运动的体能训练

高尔夫球运动需要体能训练吗？答案是肯定的。高尔夫球运动和其他任何运动项目一样，需要大量的体能训练来促进球员的身体健康水平，减少生理局限，帮助球员优化挥杆模式，高尔夫球运动的体能训练包括柔韧性、速度、力量、耐力、专项技术能力等方面的训练。良好的体能训练能使动能转换更有效率，可以提高球员的击球能力并提升杆头速度，良好的体能和耐力还能使球员专注于完成整场比赛。

第一节　体能训练概述

一、体能训练的概念

体能训练会涉及身体机能、身体形态、健康和运动素质等多方面的因素。身体机能是机体各器官系统的功能，是机体活动的基础；身体形态即人体的外部形状；健康是球员参加训练活动的必要条件；运动素质则是指在运动时机体的各种基本运动能力。

不管是身体形态、身体机能，还是健康和运动素质，无疑都对机体的整体体能水平产生着直接有效的影响，并且它们之间也有着密不可分的联系，既是相互独立的，又是互相影响和制约的。所以，在体能训练中，要注重各方面要素的全面发展。

先天的遗传因素会对机体的身体机能、身体形态以及运动素质等产生重要的影响，但是这些指标因素也会受到来自后天的影响，会在机体的生长发育后期训练过程中逐渐发展和变化。一般来说，机体各项因素最基本的发挥是能满足机体正常的生活和活动需求的，而对于参加专门的体育运动的人们来说却是不够的。球员对身体机能、运动素质等各方面的要求往往更高，因为他们所承受的运动负荷和精神紧张程度较普通人来说要更高。所以，他们必须对机体潜能做最大程度的开发和利用，这种开发和利用有时甚至会达到机体的承受极限。尤其是现今体育运动发展迅速，各项运动项目的成绩已经达到了较高的水平，球员要想获得更好的成绩就必须有更强的运动能力，这就加大了对球员体能的要求。所以，体能训练要在遗传和后期生长发展的基础上，对有机体中的可改变部分给予影响，使之提高，以符合创造高水平成绩的需要。

二、体能训练的内容和要求

（一）体能训练的内容

1. 一般体能训练

一般体能训练是为了全面发展球员的运动素质，改变球员的身体形态，使球员有效掌握各非专项的运动知识、技术和技能的非专项能力的训练。同时，它还有利于人体血管、心脏和肌肉组织等机能发展。

2. 专项体能训练

专项体能训练主要是为了提高球员的体育运动能力而进行的一系列专项的训练。专项体能训练能够最有效地发展球员的运动素质，通过专项体能训练球员可以较好地掌握某专项或某战术，为运动比赛打下坚实的基础。专项体能训练的内容因运动项目的不同而不同。

通常来说，一般体能训练和专项体能训练之间是相互促进的，专项体能水平提高会促进一般体能水平的提高，一般体能水平提高的也会促进专项体能水平的提高，两者是相互促进的。

（二）体能训练的要求

1. 要突出重点，促进体能的全面发展

专项训练或比赛对球员的身体运动能力有着较高的要求，球员若顺利或超水平完成训练或比赛就必须全面发展其体能素质。球员必须先进行全面的运动能力发展，为之后的专项发展打好基础。此外，体能的全面发展应有侧重，要根据球员的运动特点以及比赛要求有重点地进行训练，不能盲目追求均衡发展。

2. 要与技术和战术训练的需要相适应

体能训练要适应技术和战术训练的需要，使体能训练最终的训练效果能够较好地运用到比赛的技术和战术中去，而体能训练能够与技术和战术训练有效结合的关键就在于体能训练手段的选择和运用。专项体能训练的内容与手段的安排和选用必须凸显专项的特征。同时，专项训练的形式也要与技术或战术动作保持一致，要考虑身体练习的生物力学等特征，以利于将体能训练的效果通过专项技术、战术转化到比赛中去。

3. 一般体能训练和专项体能训练安排的比例要适当

一般体能训练能够促进专项体能水平的提高，但是一般体能训练并不能取代专项体能训练，尤其是对于能力水平较高的球员来说，只有通过充分合理的专项体能训练才能有效地提高身体素质，并取得更好成绩。所以，在体能训练中，应该根据不同时期的训练要求来对一般体能训练和专项体能训练进行合理的安排，以此促进球员的运动素质和身体机能的良好发展。

4. 要系统评价体能训练的效果

在体能训练中，要系统、定期或不定期地对球员身体运动能力进行检查，以检查球员体能训练的效果。要对运动训练的检查结果进行量化和定性的分析，评价球员的体能训练是否已经达到训练的预期目标，查找不足或缺陷，避免因训练的盲目而阻碍训练效果的提高。

第二节　高尔夫球运动的柔韧性训练

柔韧性是指人体大幅度完成动作的能力。柔韧性由人体关节活动灵活性、肌肉和韧带的伸展性与弹性，以及肌肉紧张与放松的协调性所决定。在高尔夫球挥杆技术动作中，柔韧性决定动作幅度，从而决定动作的效果。

柔韧性训练的基本方法是拉伸法，可采用主动性和被动性拉伸练习。训练时要掌握好练习的强度和幅度，以免肌肉拉伤，练习时用力程度要逐渐加大，以球员稍感拉紧和微疼为宜。柔韧性练习一般在准备活动中身体发热后进行。在进行高尔夫球专项训练时需要进行专门的柔韧性训练，并需要球员长期坚持进行。

在高尔夫球运动中，柔韧性训练是非常重要的，但在训练中要注意与稳定性统一，稳定性原则是所有功能性运动的重要方面。这种平衡是球员站立与挥杆过程中柔韧性与稳定性之间的平衡，但不是单脚站立的平衡。如果球员的柔韧性过度，或者无法控制好挥杆时所需的柔韧性，就会导致失去平衡，这是球员初期训练时更多发生的问题，其表现为挥杆幅度过大造成击球时的下肢不稳定，击球效果不好。这时柔韧性反而会成为球员的不利因素。另外，如果球员的柔韧性差，关节僵硬，没有足够的柔韧性使其完成有效的高尔夫球挥杆动作，那么再好的肌肉力量也无法获得预负荷，从而导致击球爆发力不足，这就是球员把握好柔韧性练习与稳定性之间平衡的重要性。球员应该在肌肉力量和关节活动正常或异常的情况下，对关节进行积极的肌肉控制，从而获得挥杆的稳定性。所以，球员要重视柔韧性训练，但也要在训练时注意遵循平衡性原则，控制自己所需柔韧性的量，也就是主动稳定性。在柔韧性训练时主要获得两点帮助：一是使球员获得运动范围以获得最佳的挥杆幅度；二是预防受伤。

球员进行柔韧性训练，目的是达到更大的运动范围，并为打高尔夫球做好准备，重点是训练结缔组织及肌肉组织。所有的组织都有不同程度的可塑性和弹性，组织弹性高，拉伸后就越容易回到原来的位置。例如，皮肤就有很高的弹性，肌肉也有很高的弹性，而且具有可塑性，一旦发生变形，就会趋于保持变形后的长度。在肌肉极端紧绷的情况下，新生肌肉细胞可能需要一个渐变的适应过程才能拉长肌肉。增加肌肉弹性可能需要持续几周的每日训练，打破壁垒的唯一方法是利用被动或主动的训练技巧，并长期坚持训练。

柔韧性训练以拉伸为主，常用的两种基本的拉伸类型是被动拉伸和主动拉伸。在被动拉伸中，拉伸力是由设备、教练或同伴提供的。球员可以借助同伴或器材拉伸。

静态拉伸是被动拉伸的一种方式。球员进行静态拉伸，可以获得更好的柔韧性并改进影响挥杆的姿势。静态拉伸是指被动地保持某种姿势，如将肢体或躯体摆成某种姿势，并通过重力或其他支撑物将身体固定在那里。球员不需要运动肌肉来保持拉伸状态。这种缓慢施加的拉伸力在一定时间内是恒定的。静态拉伸易学好练，是改善结缔组织可塑性的最佳方式。

主动拉伸既是指球员自身发力进行拉伸，也是指肌肉群被用来拉伸另一个肌肉群。主动拉伸是指在拉伸肌肉之前，球员有意识地放松该肌肉，使肌肉收缩机制受到人为的抑制，此时进行拉伸的阻力最小。主动拉伸技术只能放松肌肉组织中具有收缩性的结构，而对结缔组织无影响。

球员在进行拉伸之前应先了解自身状态，如运动前、运动中或者运动后等，以便选择适当的拉伸方法。尽量保持在舒适、放松的体位，被拉伸部位处于易于拉伸的肢体位，充分暴露拉伸部位。拉伸时，拉伸力量的方向应与身体运动功能训练肌肉紧张或挛缩的方向相反。应先处于关节可动范围内，然后固定关节近端，拉伸远端，以增加肌肉长度和关节范围。

一、静态主动拉伸

静态主动拉伸是指自身肌肉在没有外力协助的条件下，用自身力量和体重拉伸肌肉和筋膜结缔组织的过程，其优点是拉伸过程中的力度可以根据自身感受调节控制。

（一）颈部拉伸——胸锁乳突肌（图 4–1）

动作要领：呈坐姿，双臂自然下垂，头部后伸至最大限度后，向一侧尽力侧屈，然后转向对侧，眼睛看斜上方。

训练方法：当目标肌肉有中等程度的拉伸感时，保持静力性收缩 10~30 秒，顺畅呼吸不憋气，重复 3~5 组，对侧亦然。

注意事项：颈部活动角度控制，背部挺直，不能弯腰弓背。

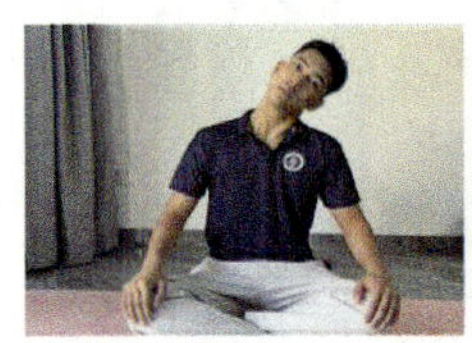

图 4–1　颈部拉伸——胸锁乳突肌

（二）颈部拉伸——肩胛提肌（图 4–2）

动作要领：呈坐姿，一侧手臂自然下垂并尽量延展，另一侧手臂抬起扶住环部，发力将头部拉向对侧。

图 4-2　颈部拉伸——肩胛提肌

训练方法：当目标肌肉有中等程度的拉伸感时，保持静力性收缩 10~30 秒，顺畅呼吸不憋气，重复 3~5 组，对侧亦然。

注意事项：施力方向要在冠状面内尽力侧屈。

（三）肩带拉伸——三角肌前束（图 4-3）

动作要领：身体自然站立，将双侧手臂自然伸直，向后伸至极限位置。

训练方法：当目标肌肉有中等程度的拉伸感时，保持静力性收缩 10~30 秒，顺畅呼吸不憋气，重复 3~5 组，对侧亦然。

注意事项：直接向后发力，缓慢延展，切忌手臂内旋和肩关节外展。

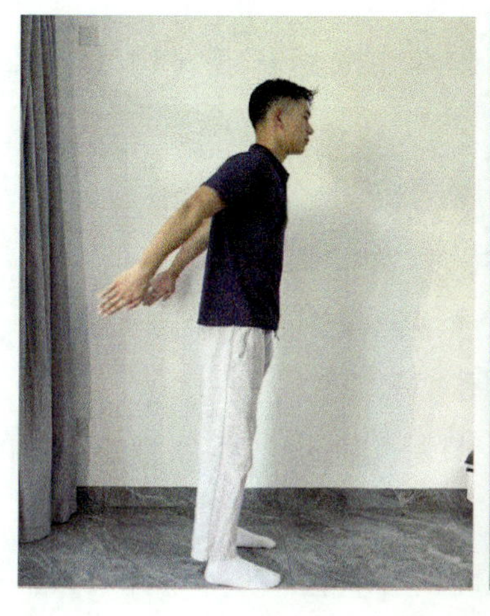
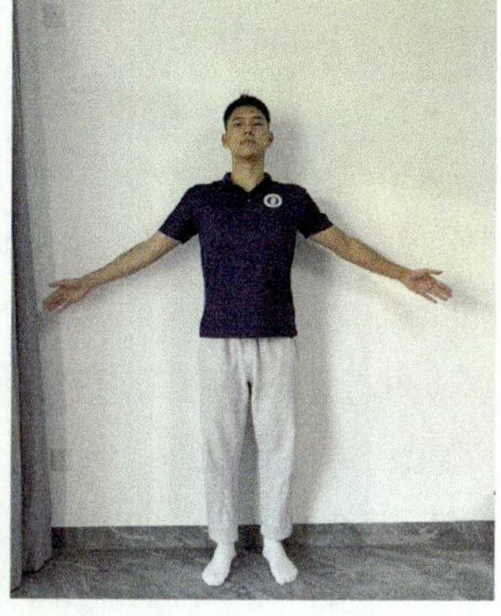

图 4-3　肩带拉伸——三角肌前束

（四）肩带拉伸——三角肌后束（图 4–4）

动作要领：身体自然站立，将一侧手臂抬至水平位置，用对侧手臂扶住肘关节上方，拉至躯干的方向。

训练方法：当目标肌肉有中等程度的拉伸感时，保持静力性收缩 10~30 秒，畅呼吸不憋气，重复 3~5 组，对侧亦然。

注意事项：肘关节保持微屈，不能超伸。

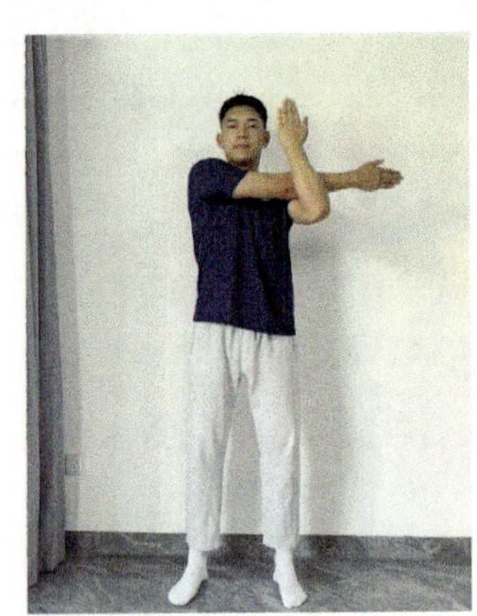

图 4–4　肩带拉伸——三角肌后束

（五）上臂拉伸——肱二头肌（图 4–5）

动作要领：身体自然站立，将两臂尽力向后延展（稍低于肩），并将前臂内旋。

训练方法：当目标肌肉有中等程度的拉伸感时，保持静力性收缩 10~30 秒，顺畅呼吸不憋气，重复 3~5 组。

注意事项：避免肘关节的超伸，可单侧拉伸，再换另一侧。

（六）上臂拉伸——肱三头肌（图 4–6）

动作要领：呈坐姿，将一侧肘关节尽力折叠，手掌落在肩胛骨中间，另一侧手握住肘关节上方拉向头部。

训练方法：当目标肌肉有中等程度的拉伸感时，保持静力性收缩 10~30 秒，顺畅呼吸不憋气，重复 3~5 组，对侧亦然。

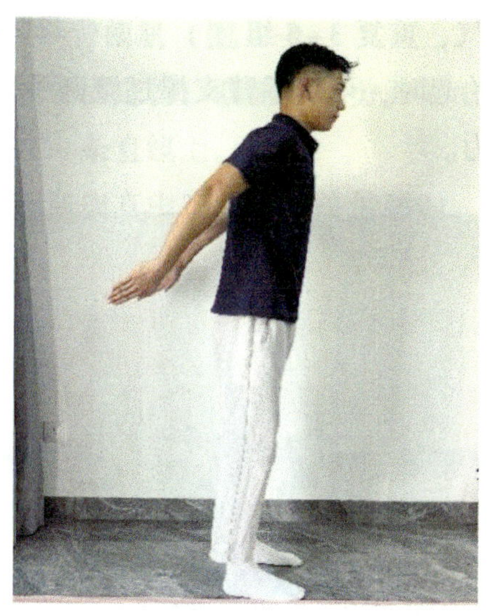

图 4–5　上臂拉伸——肱二头肌

注意事项：避免躯干发生侧屈，沿着前臂的指向施力。

图 4–6　上臂拉伸——肱三头肌

（七）躯干拉伸——腹直肌（图 4–7）

动作要领：俯卧在垫子上，前臂支撑在胸部正下方，将上体缓慢推起。

训练方法：当目标肌肉有中等程度的拉伸感时，保持静力性收缩 10~

训练方法：当目标肌肉有中等程度的拉伸感时，保持静力性收缩 10~30 秒，顺畅呼吸不憋气，重复 3~5 组，对侧亦然。

注意事项：可根据下肢柔韧性大小，改变双腿的角度和膝关节的弯曲度。

（十一）臀部拉伸——臀大肌（图 4-11）

动作要领：前腿盘坐，后腿自然伸直，腰背挺直，上体前倾。

图 4-11　臀部拉伸——臀大肌

训练方法：当目标肌肉有中等程度的拉伸感时，保持静力性收缩 10~30 秒，顺畅呼吸不憋气，重复 3~5 组，对侧亦然。

注意事项：使臀大肌有充分拉伸的同时不能造成腰椎的压力。

（十二）臀部拉伸——梨状肌（图 4-12）

动作要领：仰卧于垫上，将拉伸一侧腿抬起屈膝，双手抱住异侧腿，用力拉向躯干的方向。

训练方法：当目标肌肉有中等程度的拉伸感时，保持静力性收缩 10~30 秒，顺畅呼吸不憋气，重复 3~5 组，对侧亦然。

注意事项：拉伸时避免肩部前伸过多，尽量拉向躯干，躯干尽可能接触地面。

（十三）下肢拉伸——内收肌群（图 4-13）

动作要领：上身挺直，屈腿坐于垫子上，脚掌相对，双手放于膝盖处下压。

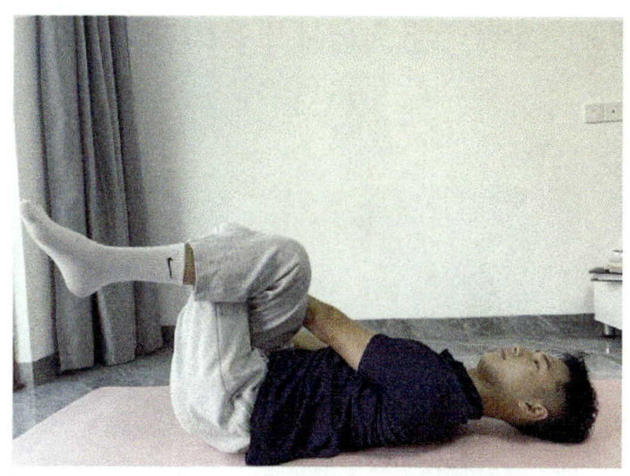

图 4-12 臀部拉伸——梨状肌

训练方法：当目标肌肉有中等程度的拉伸感时，保持静力性收缩 10~30 秒。顺畅呼吸不憋气，重复 3~5 组。

注意事项：双腿屈膝坐位时，双脚尽量靠近髋部。

图 4-13 下肢拉伸——内收肌群

二、动态拉伸

（一）臀大肌拉伸（图 4-14）

动作要领：拉伸侧的腿屈髋、外旋，上半身向前，双脚交替进行。

训练方法：练习时双臂伸直向前置于身体两侧，保持身体平衡。

注意事项：在运动过程中避免出现身体左右晃动。

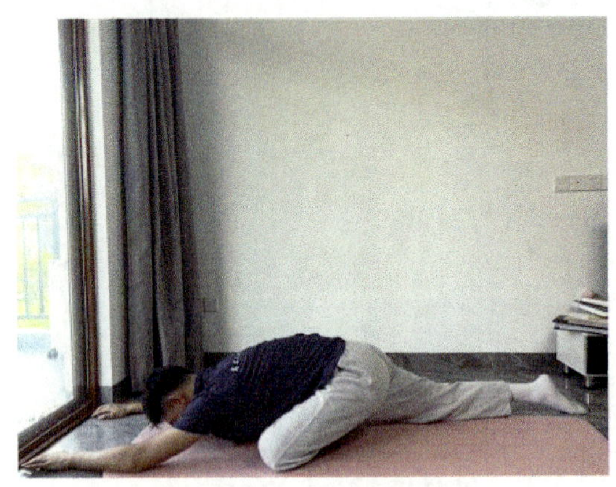

图 4-14　臀大肌拉伸

（二）臀中肌拉伸（图 4-15）

动作要领：拉伸侧的腿屈膝，并向对侧旋转，上半身保持平躺姿势，保持 3 秒后腿下落，双侧交替进行。

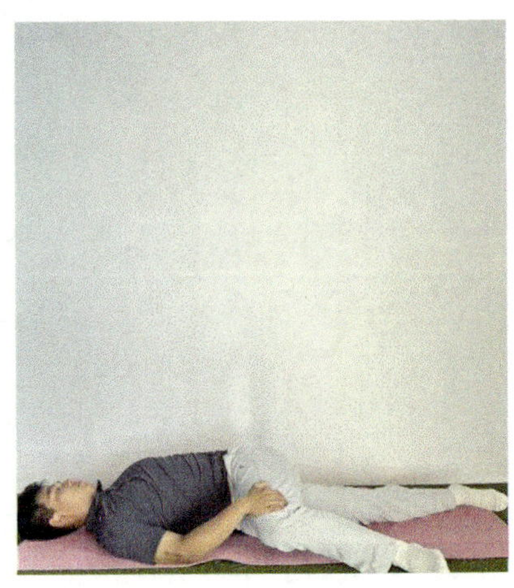

图 4-15　臀中肌拉伸

训练方法：练习时先平躺在瑜伽垫上，一侧腿屈膝转向对侧，双手辅助。

注意事项：在运动过程中避免出现上半身过度旋转。

（三）股四头肌拉伸（图 4–16）

动作要领：以左腿为例，向前迈步后，左手握住左侧脚背部位，双腿并拢，保持髋部平直后右侧踮脚尖，保持此姿势 3 秒，然后换另一侧，动作相同。

训练方法：双腿交替进行，每条腿练习 5~6 次。

注意事项：动作幅度逐渐增加，注意球员个体差异，区别对待。

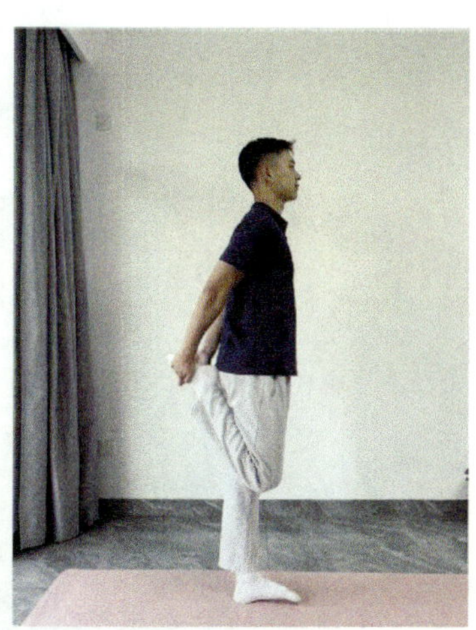

图 4–16　股四头肌拉伸

（四）内收肌拉伸（图 4–17）

动作要领：呈基本站姿，开始时一侧腿向侧方向迈出后，双侧脚尖朝前，臀部后坐，双手水平伸出，保持此姿势 3 秒，随后站立开始另一侧。

训练方法：进行 2~4 组练习，每组练习 5~6 次。

注意事项：动作幅度逐渐增加，训练中注意球员个体差异，区别对待。

（五）腘绳肌群拉伸（图 4–18）

动作要领：以右侧臀部拉伸为例，呈基本站立姿，右脚向前迈出，左

图 4-17　内收肌拉伸

腿弯曲后右腿伸直，保持勾脚尖状态，双手摸脚尖后保持 3 秒，然后还原一侧，动作相同。

训练方法：双腿交替进行，每条腿练习 5～6 次，每次动作保持 4～6 秒。

图 4-18　腘绳肌群拉伸

（六）综合拉伸（图 4-19）

动作要领：以左脚在前为例，上体保持正直，一脚向跨出一步，成直弓箭步；双手撑地保持平衡，保持 3 秒。左侧手臂向上方翻转，同时带动脊柱，直臂外展，指尖向上，与支撑手臂成直线；头部转动看上举手臂指尖，保持 3 秒。双手撑地将身体推起，双腿伸直；勾脚尖，拉伸前腿后肌群，保持 6 秒。屈膝成弓步，还原成站立姿势。

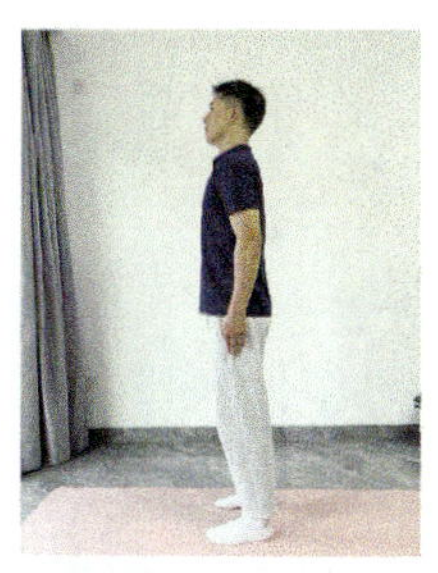

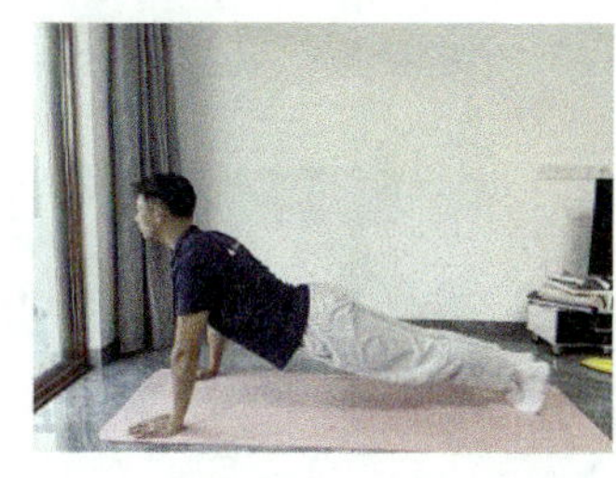

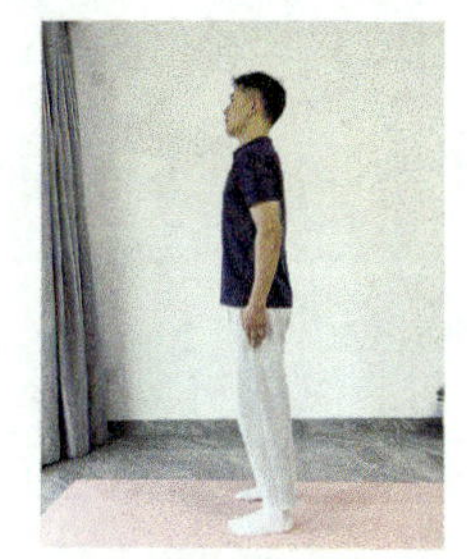

图 4-19　综合拉伸

三、高尔夫球运动的热身准备

高尔夫球运动有着特殊的热身准备，可以作为训练前或赛前的热身活动，也可以作为力量训练的快速热身准备。一般分为六个部分：静态拉伸—臀部激活—动态拉伸—利用高尔夫训练杆或球杆进行拉伸—练习场的击球练习—练习果岭的切杆或推杆练习。这些练习的主要目的是通过热身活动激活球员的关节、肌肉、韧带，尤其是激活臀部肌群和核心肌群，增加肩带肌肉柔韧性，以便在上杆时获得更好的稳定性，同时还能锻炼上臂肌肉，增加击球距离，改善综合体能。此外，也能提高下场时身体的适应性，使球员更快投入比赛，降低差点，并预防受伤。

（一）风车式（图 4-20）

动作要点：将两只手臂完全向后伸并感到肩胛骨有拉伸感。一只手臂从斜后方向上伸，同时另一只手臂从斜后方向下伸。每个动作保持 2 秒，后换另一侧重复此动作。每侧重复此动作 15 次。

注意事项：保持头部不动，微收下颌。向后收紧双臂，而不是挥臂。为避免双肩有疼痛感，双肩不要收得过猛。

图 4-20　风车式

（二）上半身旋转（图 4-21）

动作要点：在保持骨盆不动的情况下控制上半身的动作，且头部保持不动。双脚并拢并将球杆置于双肩上。如果肩部有痛感，则将球杆置于胸前并向后拉手肘。保持这个姿势，向右侧转动双肩，然后向左侧转动。如

图 4-21　上半身旋转

果发现自己平衡能力较差，可以在较为僵硬的那侧坚持 2 秒。每侧重复此动作 20 次。

注意事项：在做整个动作的过程中，脸部和腹部始终朝向前方，二者必须保持不动。在重复做每个动作期间，都要有控制地连续流畅拉伸僵硬部位。如果腰部有拉伸感，则说明训练者拉伸过猛，没有控制好骨盆的位置。

（三）下半身旋转（图 4-22）

动作要点：固定住躯干和头部，有控制地流畅完成骨盆和髋部运动。双脚并拢直立。将球杆置于双肩上，如果肩部感到疼痛，可将球杆置于胸前。向左侧和向右侧转动骨盆。如果发现两侧骨盆不平衡，则在感到僵硬的一侧坚持 2 秒。每侧重复此动作 20 次。

注意事项：在每次做动作时，都要有控制地连续流畅拉伸僵硬部位。如果腰部有拉伸感，则说明训练者用力过猛，可以少用些力。始终保持双肩和头部不动。

（四）站姿提膝（图 4-23）

动作要点：单腿站立，拉伸被拉伸腿的臀部肌肉，并激活支撑腿的臀部肌肉。双脚并拢站立，将一侧膝盖抬得越高越好。用手抓住小腿，并朝

图 4-22　下半身旋转

另一侧肩部处抬升膝盖和胫骨。在收紧负重腿的臀部肌肉时保持平衡，并保持此动作 1 秒，然后将腿放下。抬起另一条腿，重复此动作，每侧重复 10 次。

注意事项：在整个动作中，尽量挺直脊柱。有控制地流畅完成抬腿动作。

图 4-23　站姿提膝

（五）宽握挥杆到全挥杆（图 4-24）

动作要点：流畅地使用全身动作来完成绕髋旋转。双手握住铁杆的两端，以打高尔夫球的姿势站立，想象脚下有球并盯住它。上半身摆出起杆姿势，将上半身旋转到向后挥杆位置的 3/4 处时，注意重心向后脚和髋部转动，后脚有意识地蹬地发力，同时将力量转移到前脚，上半身最大限度地向前脚方向旋转，再迅速转回到起杆姿势。右手重复挥杆动作 15 次，然后用左手重复挥杆动作 15 次。进行 3~5 次常规握把挥杆动作，在下一个动作开始前，在前一个动作上多坚持一会儿。

注意事项：保持动作流畅，没有间断，但注意不要滑动髋部，而是转动髋部。尽量上手臂放松，感受挥杆时的发力，挥杆时双臂保持平直。

图 4-24　宽握挥杆到全挥杆

（六）拉伸腰部肌肉（图 4-25）

动作要点：分开双脚站立，将加重挥杆练习球杆放在股四头肌上。缓慢将背部向上弓起。恢复到初始时的姿势。拉伸腹肌，并使颈部处于中正状态。增强腰部柔韧性有助于缓解跟高尔夫挥杆相联系的背部疼痛。

注意事项：动作不要过快。

图 4-25 拉伸腰部肌肉

（七）拉伸臀部屈肌（图 4-26）

动作要点：握住配重训练杆，将杆面头对着自己。一只脚向后跨出一大步，脚后跟提起，弯曲前膝，降低躯干。缓慢地恢复到初始位置，然后用另一只脚重复这个练习。

注意事项：让膝部保持不动。拉伸股四头肌和臀部屈肌可以增加臀部转动的灵活度，为下杆击球增大力量。

图 4-26 拉伸臀部屈肌

（八）拉伸肩部肌肉（图 4-27）

动作要领：双脚分开站立，双脚之间的距离与肩等宽，双手分别抓住配重练习球杆的握把及杆头，在面前成逆时针转动，形成良好的拉伸作用。缓慢恢复到初始位置，然后重复这个练习。

注意事项：保持肩部放松。柔韧的肩关节有利于上杆到顶点时维持身体的平衡性。

图 4-27　拉伸肩部肌肉

（九）拉伸肱三头肌（图 4-28）

动作要领：双脚分开站立，双脚之间的距离与肩等宽，将臀部转向前方，双手分别抓住配重练习球杆的握把及杆头。释放杆头，缓慢将球杆降到身体后面。另一只手抓住杆头，然后缓慢地将其往下拉动，形成良好的拉伸。放开杆头，然后交换另一只手进行拉伸。

注意事项：挺直背部，不要弓起，颈部保持中正姿势。柔韧性良好的肱三头肌可以让上杆时挥杆平面更陡。

（十）拉伸胸肌（图 4-29）

动作要领：双脚分开站立，双脚之间的距离与肩等宽，双手后伸在背后分别抓住配重练习球杆的握把及杆头。缓慢做扩胸运动，将双臂后伸，然后稍稍向上抬起。恢复到初始时的姿势。

注意事项：背部挺直，不要弓起，保持肩部放松。

图 4-28　拉伸肱三头肌

图 4-29　拉伸胸肌

（十一）拉伸躯干肌肉（图 4-30）

动作要领：双脚分开站立，双脚之间的距离与肩等宽，将臂部向前方转动，双臂伸展到与肩等高，双手分别抓住配重练习球杆的握把及杆头。缓慢转动躯干，臂部保持静止，形成良好的拉伸作用。缓慢地恢复到初始位置，然后切换到身体另一侧，重复这个练习。

注意事项：背部挺直，不要弓起，让头部随着臂部转动而转动。躯干

图 4-30 拉伸躯干肌肉

上部的柔韧性有助于完全挥杆。

（十二）拉伸小腿肌肉（图 4-31）

动作要领：双手拄杆，将配重球杆拄在身体前面，让杆头对着自己，将一只脚后退。缓慢弯曲前腿膝部，身体稍微前倾，将脚后跟放在地面上。保持这个姿势，坚持 15 秒钟，然后交换到另外一只脚，重复同样的动作。

注意事项：保持双膝微弯。背部挺直，不要弓起。强健的小腿肌肉有利于增加下杆时击球的力量。

图 4-31 拉伸小腿肌肉

（十三）举杆侧弯，拉伸躯干肌肉（图 4-32）

动作要领：双脚分开站立，双脚之间的距离与肩等宽，将臀部向前方转动，双手分别抓住配重练习球杆的握把及杆头。将挥杆训练器高举到头顶上。稍稍拉伸躯干肌肉，从中立位慢慢向一侧弯曲，形成良好的拉伸作用。缓慢地恢复到初始位置，然后切换到身体另一侧，重复这个练习。

注意事项：背部挺直，不要弓起。臀部不要向外翘起，颈部保持中正姿势。

图 4-32　举杆侧弯，拉伸躯干肌肉

第三节　高尔夫球运动的速度训练

一、速度训练的概念

速度是指人体进行快速移动的能力，从生理学角度讲，速度是指肌肉工作时，用最短的时间完成动作的能力。它包括对各种刺激快速反应的能力，快速完成动作的能力和快速移动的能力三个部分。

速度一般分为反应速度、动作速度、位移速度三种。高尔夫球运动是沿人体纵轴进行的一种旋转运动。在挥杆时，必须将身体视为一系列的运动链系统，唯有妥善运用身体各关节所产生的动力连接，才能够在挥杆动作中发挥出理想的挥杆效益和杆头速度。因此，高尔夫球运动主要涉及动作速度。动作速度是指人体完成单个或整套动作的速度，是技术不可缺少的要素。动作速度主要表现在人体各部位完成各种单个或成套伸展、挥摆、抬转、击打、蹬伸、屈伸、踢踹等动作的快慢，以及在单位时间里完成单个动作时重复次数的多少，也称动作频率。因而，动作速度又分为单个作速度、成套动作速度及动作频率三种。动作速度还可以分为瞬间速度和角速度等，动作速度寓于某一个具体的动作之中，根据运动项目的技术要求，在动作速度训练中，动作速度训练的练习任务和内容也不同，并取决于快速完成具体动作的熟练程度、协调性、快速力量和速度耐力水平等。因此，可将动作速度训练分为专门性动作速度训练和专项技术动作速度训练。在高尔夫球体能速度训练时应以促进挥杆速度的练习为主，同时也要进行一些反应速度和位移速度的练习，以刺激神经系统对速度的反应和记忆。

二、速度训练的方法

（一）反应练习

1. 听口令后起动加速跑

慢跑中听口令后突然加速冲跑 10 米，反复进行。

2. 原地小步跑或高抬腿跑接加速跑

做原地或行进间的小步跑或高抬腿跑，听到口令后突然加速冲跑 10~20 米，反复练习。以上练习一般每组练习 3~5 次，重复 2~3 组，组间休息 5 分钟。

蹲踞式或站立式起跑 20~30 米。组数及每组次数根据球员水平而定，组间休息 5 分钟。

（二）动作速度

原地摆臂练习、听口令、击掌或节拍器摆臂：两脚前后开立或呈弓箭步，根据口令、击掌或节拍器节奏，做快速前后摆臂练习 20 秒左右，节奏由慢至快，快慢结合。摆臂动作应正确、有力。重复 2~3 组，间歇 2 分钟。

原地站立，听口令后做高抬腿 15~30 秒，大腿抬至水平，上体不后仰。可重复练习 4~6 次，间歇 5 分钟。

仰卧，两腿快速交替做高抬腿练习 10~15 次，每组重复 4~6 组。

利用高尔夫训练杆或球杆进行空挥杆速度练习 10~15 次，重复 4~6 组，间歇 2 分钟。

第四节　高尔夫球运动的力量训练

力量训练对于球员有着极其重要的作用，在完成挥杆动作时需要展现力量素质。力量训练被定义为对抗适当阻力的协调训练，力量的产生受神经、肌肉、生化反应过程、组织结构和生物力学因素的控制，并且这些因素相互间深度作用。神经系统对特定的任务要求做出反应，并控制肌肉募集的指令和顺序。大脑不能识别个别肌肉，但它能识别动作模式。因此，我们必须训练这些动作模式，而不是训练某块肌肉。最早对力量训练产生适应性作用的是神经系统，表现在发力速率的提高、运动单位募集程度的增加和协调同步作用的改善等方面。

一、力量训练的分类

力量训练分为以下三种类型。

（一）一般力量

发展一般力量的练习主要专注于力量的大小。它们的特点是练习动作速度较慢、力量较大。

（二）专门力量

专门力量练习的目的是将一般力量转化为专项力量。它们的动作与专项动作类似但不相同，而且它们将动作与阻力以及各种技术动态地融合在一起。奥林匹克力量举、药球练习、阻力绳练习和快速伸缩复合训练就适合设计成这种类别的力量训练。专门力量训练非常注重发展力量，但速度更加突出，它比一般力量练习更接近专项。

（三）专项力量

专项力量练习的特点是将抗阻练习动作设计成模仿专项技术的动作。专项力量训练在力学原理、技术，尤其是速度方面有高度的专项化。这种训练会最高程度地把力量转移到专项上。

专门力量和专项力量都是一种功能性的力量。专项力量训练专门针对所从事项目的技术动作。

二、力量训练的要求及注意事项

根据球员的力量基础以及掌握具体技术的需要安排训练，应将球员机体局部力量和整体力量训练、大肌肉群力量和小肌肉群力量训练结合起来进行力量训练。

应科学地安排和调整运动负荷。例如：绝对力量的训练需要采用强度大、重复次数少的练习法；速度力量的训练要求球员在最短的时间内发挥出最大的力量，可采用中等重量、快速、较多次数的练习法；耐力力量的训练则宜采用负荷强度小、重复次数多的练习法。

力量训练要与其他性质的训练交替进行，以防止肌肉僵化，提高肌肉弹性。可结合一些训练项目进行交替训练。

应紧密结合专项力量，进行力量训练。力量训练不能脱离专项力量的要求，因此要紧密结合专项力量，并选择合适的力量训练手段，有时甚至可以模仿高尔夫专项力量训练的部分要求把动作分解后再练。腿力不好的球员可重点练腿力，核心力量不好的球员则应增强腰腹部力量的训练，挥杆力量不大的球员可以选择负重挥杆，而不能完全套用纯力量训练的方法。需要重视脊柱力量、核心力量、腰背力量的训练，但同时还应针对影响专项成绩的关键力量、高尔夫项目容易受伤的身体部位（如腰、膝、肩和手腕等），以及球员专项力量的薄弱环节进行重点训练，只有这样球员才能在高尔夫球运动中取得好成绩。

要重视做好准备活动和休息及恢复。训练前要做好准备活动，对于重点部位要格外重视；训练后还要认真进行恢复，身体的恢复是训练的重要组成部分，恢复不仅有助于预防伤病、消除疲劳，而且可以提高训练的质量和效率，使球员能够应对更大的训练负荷。恢复内容可以安排在任何时间，但通常安排在大强度训练课后。在高水平的训练中，教练和球员必须足够重视恢复，将它作为训练的一部分，而不是一个附加部分。恢复可以采用休息、积极休息、恢复措施或恢复性训练的形式。恢复性训练可以帮助球员在生理上和心理上解决大量训练和比赛导致的身体和心理上的问题，有效加快球员的机体恢复。

高尔夫球运动主要运用的身体肌肉群包括整个上肢肌肉、下肢肌肉、核心肌群，具体包括竖脊肌、腹直肌、腹内斜肌、腹外斜肌、前锯肌、背阔肌、三角肌、臀大肌、臀中肌、股四头肌、腓肠肌等，对不同肌群所使用的训练方法各有不同。在训练中球员的整体肌肉力量达到了较高的水平后，就要更多地进行合理的核心力量训练，通过发展核心力量，提高身体姿态的稳定性，提高成绩的同时预防伤病。

三、上肢力量训练方法

（1）俯卧撑练习。要求：两手撑的位置靠近腹部，身体保持在一个平面，支撑快起、慢落，身体不要塌腰，每组 10~15 次。

（2）立卧撑练习。要求：做立卧撑时，身体不要接触地面，撑起的同时收腹站立，其他和俯卧撑要求相同，每组 10~15 次。

（3）举哑铃练习。要求：两脚自然站立，上体正直，挺胸抬头，两臂屈臂快举、慢落。下落时两肩打开，每组 10~15 次（重量适宜）。

（4）哑铃扩胸练习。要求：两脚自然站立，上体正直，两臂平举伸直扩胸，身体不要前后晃动，每组 10~15 次（重量适宜）。

（5）哑铃臂屈伸练习。要求：两臂同时或交叉进行，上体保持正直，每组 10~15 次（重量适宜）。

（6）杠铃挺举练习。要求：两脚开立或与肩同宽，提拉翻腕时，肘关节向前方抬起，挺举时可以并步或跨步挺，每组 10~15 次（重量适宜，注意安全）。

（7）杠铃抓举练习。要求：两脚与肩同宽，两手握杠宽于肩，提拉同时迅速翻腕、后伸顶肩举起，每组 5~10 次（重量适宜）。

（8）杠铃卧推练习。要求：两手握杠稍宽于肩，推时快起、慢落，每组 10~15 次（重量适宜，保护帮助完成）。

（9）引体向上练习。要求：双手正握杠，握杠的宽度与肩同宽即可，身体不要左右摆动，每组 10~20 次。

（10）双杠臂屈伸练习。要求：选择低双杠，练习时身体与地面保持垂直，每组 5~10 次。

（11）双杠支撑摆动练习。要求：低杠进行，支撑摆动时两臂直臂摆动，身体摆动高度超过杠面即可，每次摆动 10~15 次（注意安全）。

（12）组合器械练习。要求：利用组合器械发展上肢力量练习，根据身体素质情况分组，练习次数保持在 10~15 次均可。

（13）角力练习。要求：两人一组，分别站在横线后，双方可以推拉，迫使对方失去平衡，如有一方有一只脚离地就算失败，两手交换进行。

（14）抛投实心球练习。要求：练习时认真，合理分组，注意安全，每组 20~40 次。

（15）推小车游戏练习。要求：两人一组，推车人不要用力向前推或左右拖拉，每次练习的距离不要太长，10~15 米即可，速度也不要求一致，可多轮换。

（16）横绳拔河练习。要求：画三条间隔 3 米的平行线，准备粗绳一根，分成两组，双方力争把绳拉过背后的 3 米线，先到者为胜。

（17）抓空拳。作用：发展手的抓握力量。要求：两手五指自然分开，然后用力由五指开始向手心慢慢用力抓握成拳，反复多次，感到手酸抓不住为止。

（18）支撑倒立。作用：锻炼肩部肌群。要求：两手撑地，后脚跟靠墙做手倒立，倒立时直臂、顶肩，保持身体直立、紧张，尽量延长时间，可有人配合、扶持。

（19）哑铃直臂扩胸。作用：锻炼胸大肌、三角肌、斜方肌。要求：两脚开立与肩同宽，身体直立，手持哑铃成前臂前平举，两臂分开向后扩胸到最大限度，还原成前平举姿势，上体尽量不动。

（20）哑铃直臂上举。作用：锻炼上臂肌、三角肌。要求：两脚开立与肩同宽，身体直立，两手持哑铃于体侧经体前上举，然后经体前落下，上体尽量不动。

（21）哑铃侧平举。作用：锻炼三角肌、斜方肌。要求：两脚开立与肩同宽，身体直立，两臂下垂，手持哑铃直臂向上侧平举后落下还原。

（22）杠铃、哑铃屈臂。作用：锻炼肱二头肌、肱肌等。要求：两脚开立与肩同宽，身体直立，两臂下垂反握杠铃或哑铃，上臂固定于体侧，小臂向前屈举，尽量靠近胸部落下。

（23）杠铃推举。作用：锻炼肱三角肌、胸大肌、三角肌。要求：两脚开立与肩同宽，两手握杠翻握于颈前或颈后，用力向上推举至两臂伸直。推举宽握有利于发展胸大肌、三角肌，窄握有利于发展肱三头肌。

（24）屈体斜拉杠铃。作用：锻炼背阔肌。要求：两脚开立与肩同宽，身体前屈，两臂下垂，手握杠铃用力提拉杠铃到腹部，并经胸前向前斜下方推送至原位，尽量靠近身体，下推时杠铃触地。

以上锻炼方式都可以加强上肢的力量，但要注意的是，在利用器械进行锻炼的时候，一定要有人在身边进行保护，以免锻炼过程中发生疏忽而导致严重的后果。

四、下肢力量训练方法

（1）负重提踵，即背负重物提脚尖。向上提踵时要爆发，迅速向上提，在最高点定 1~2 秒，然后慢慢下落。

（2）蛙跳。在水泥地跳，在沙地或小腿承重情况下练习。

（3）负重深蹲。根据个人能力，扛着杠铃，做深蹲，和提踵一样，快起慢落，腰挺直。

（4）拉跟腱。要求：利用台阶，脚尖站在上面，和提踵一样，使劲向上顶，然后慢慢落下，落下时脚后跟一定要尽量碰到地。

五、核心力量训练方法

核心力量训练是高尔夫球运动体能训练的重中之重，核心力量就是指身体核心部位肌肉的控制力和爆发力，核心部位肌肉包括腰腹部肌群和背部肌群，以及下肢连接骨盆区域的交叉肌肉，由这三个部分肌群综合组成的区域统称为身体核心部位。加强来自核心部位的力量训练是在运动训练中经常要安排的训练任务，并要求达到良好的效果。强健的躯干可以将力量有效地从双腿传递至上半身，还可以支撑身体承受力量而不会受到损伤。

核心力量训练方法如图 4-33～图 4-42 所示。

图 4-33 对侧支撑伸展

图 4-34 俯卧平板支撑

图 4-35 侧卧平板支撑

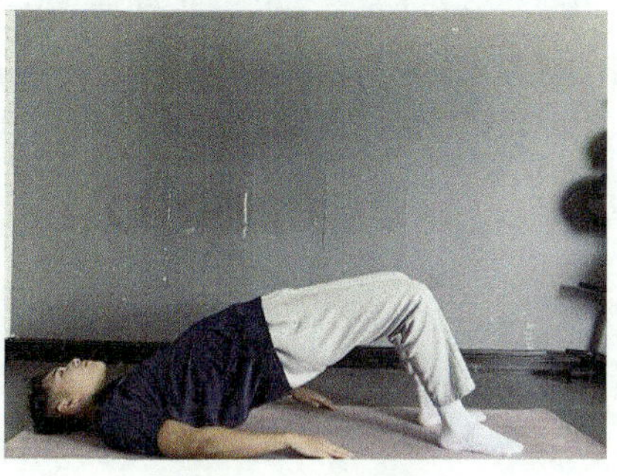

图 4-36 仰卧撑桥

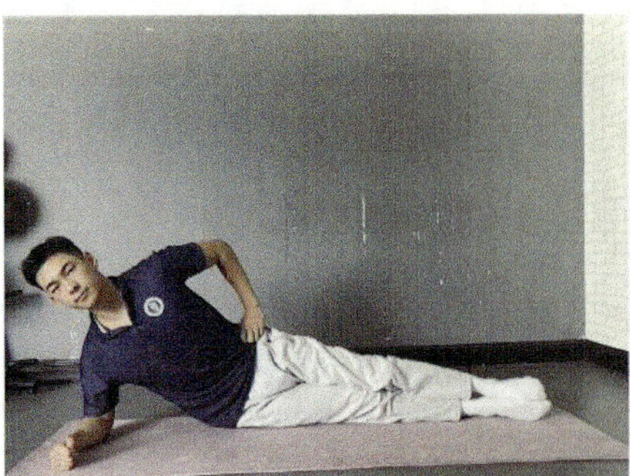
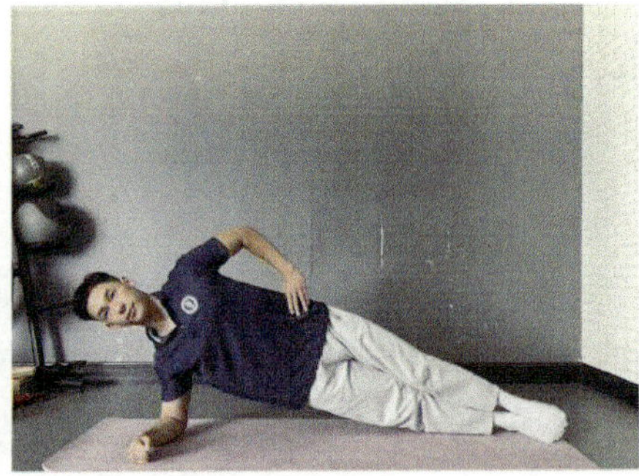

图 4-37　侧卧提臀

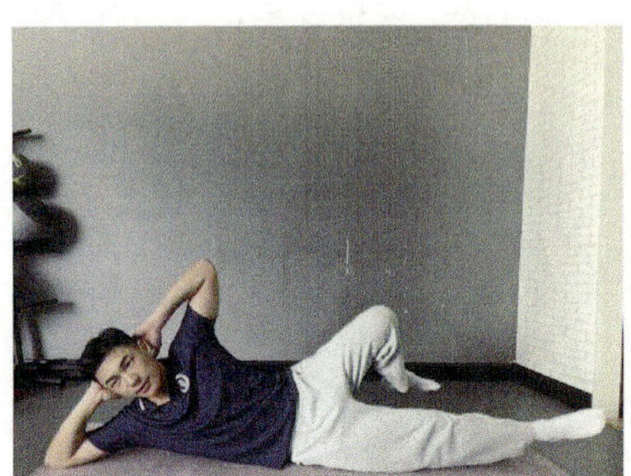
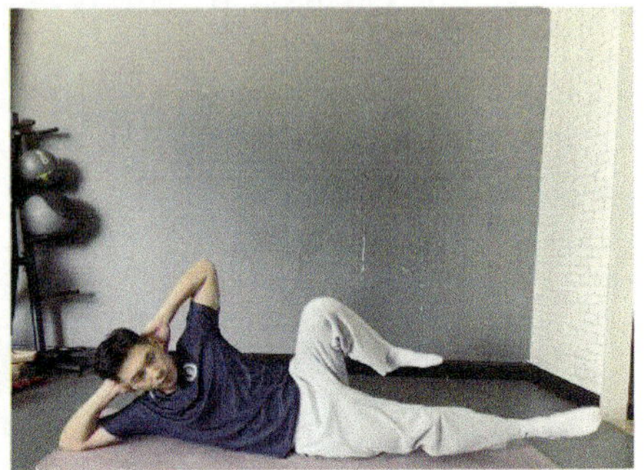

图 4-38　侧卧单车

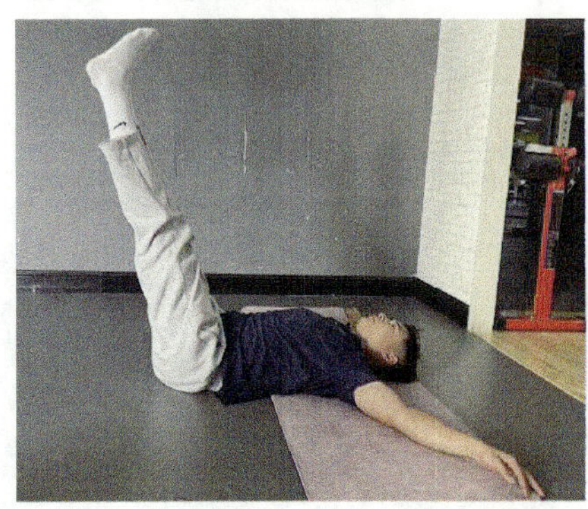
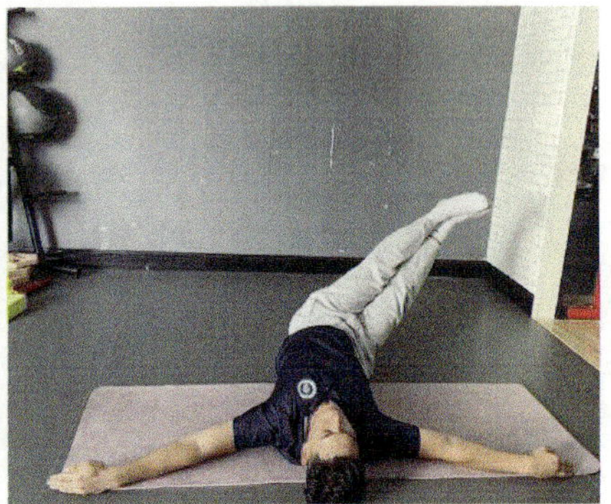

图 4-39　十字交叉

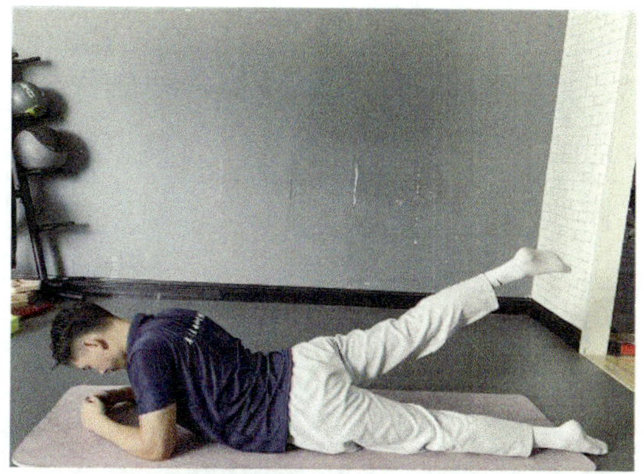

图 4-40　俯卧抬腿

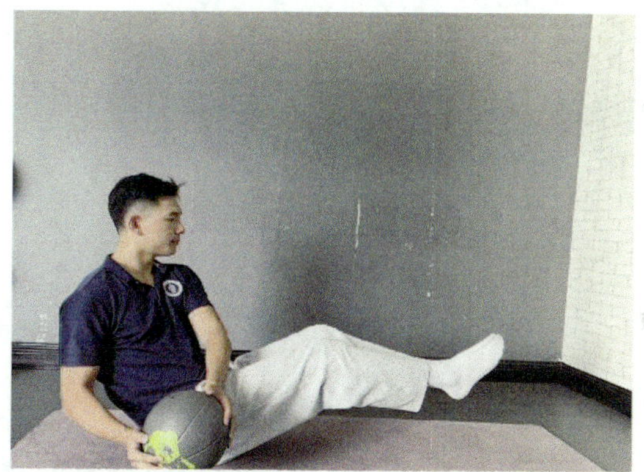

图 4-41　转体动作

图 4-42　弓箭步转体

使用综合器械进行的力量练习包括：单、双足站立于平衡球上，做各种上肢持轻器械举、推、拉，下蹲，以及躯干扭转等多种形式的练习；坐于瑞士球上做各种形式的练习；等等。核心力量训练很关键的一点在于训练时练习者是在躯体处于一种不平衡、不稳定的状态下进行的，或者练习者使用的器械是不固定的，必须使用练习者自行控制的器械，如平衡球、瑞士球、平衡板等非平衡性力量练习手段，如图 4-43~图 4-45 所示。

图 4-43　非平衡性力量训练

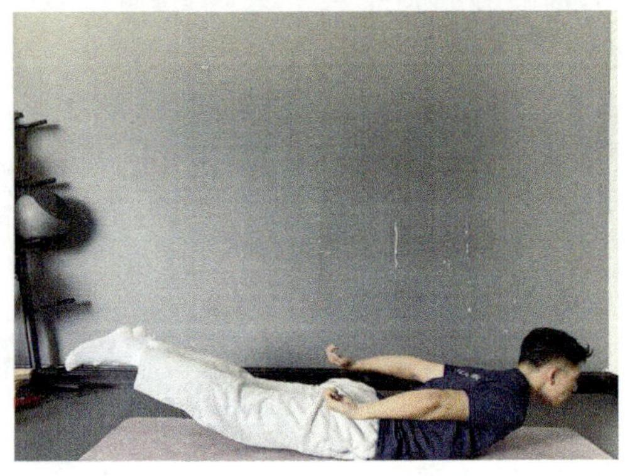

图 4-44　腹背起

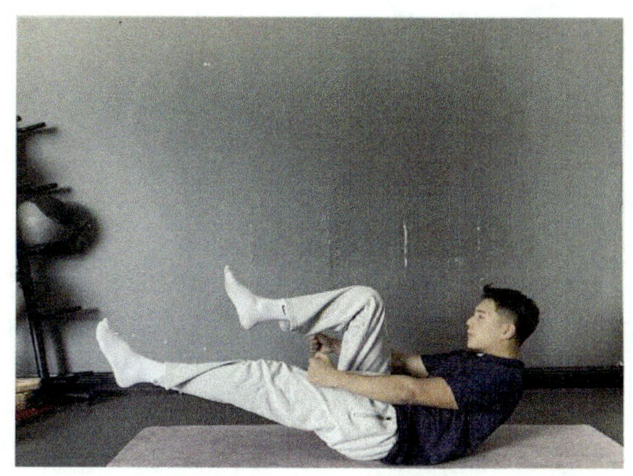

图 4-45　仰卧空蹬自行车

六、能量传递、技能执行的运动记忆

高尔夫球运动需要球员身体各个部位的协调、平衡和流畅的重心转移。该运动需要神经系统提供精准移动身体的信息，并在连续和流畅的挥杆中收缩和放松肌肉。人类都有相同的基本身体结构，但有些人可以在运动中更有效地运用个别神经系统的感知能力，这些人就是常说的天才运动员。他们擅长运动，因为他们能够重复进行高度协调的序列运动。他们比其他人更擅长以某种方式整合这些神经系统的信息。在高尔夫球运动中，高效有力的挥杆、协调能力和挥杆次序比单纯的力量要重要得多。

连续进行挥杆次序和运动的训练，身体活动和肌肉收缩的反应会变得更加积极和快速。结合我们所提出的核心力量、躯干、髋部和双腿的训练，通过连续进行挥杆次序的训练，球员可以在正确姿态下产生更大的力量。在更短的时间内通过球杆传递更大的力量，产生更大的杆头速度和获得更远的击球距离。

运动是由神经系统控制一系列肌肉收缩，受运动学习路径的指引和关节的控制而产生的结果。有目的的运动依赖于所有调控肌肉长度和张力的机理之间的亲密互动交流。为了保持平衡，中枢神经系统会处理来自四大基本感知分析系统，即躯体感觉系统、前庭系统、视觉系统和听觉系统的信息。

躯体感觉系统的作用在于保持身体平衡，传递有关身体部位彼此之间的移动方向和支撑平面的信息，控制移动身体重心和身体部位，包括本体感受器和触觉感受器的细胞或器官。本体感受器是遍布全身肌肉、韧带、关节和结缔组织的接收器。它们不仅使我们了解哪些身体部位互相关联，哪些部位与外部环境有关联，而且使我们知道这些身体部位是如何快速移动的以及可能的运动方向。一些接收器反应迅速，启动它们不需要太多的压力或动作；另一些接收器反应比较慢，需要更多持续的张力来对系统产生作用。触觉感受器会影响运动和姿态。例如，在做站位准备时，双脚的触觉感官会向中枢神经系统提供关于每只脚以及两脚之间所承受重力的分布，它们不仅是身体静态和身体摆动等重要信息的来源，而且在动态和功能运动期间起到重要作用。

位于内耳的前庭系统的作用可以在脑干和小脑的作用功能中了解到。睁眼的时候可以成功地应对挑战，闭上双眼进行练习也可以感受到这个保持平衡的前庭系统。更加准确地移动身体时，周边视觉可以起到帮助作用，使球员在挥杆时专注点集中在杆头上。挥动球杆的嗖嗖声可以在训练后期用作击球时的微调“加速器”。

通过训练，可以使多种感官提供尽可能多的感官数据。在训练时，要尽可能多地从这四大系统中获取神经信息。进行高尔夫球运动时的站位、挥杆、击球，能够刺激双脚、小腿和后背上更多的神经末梢，它们可以帮助球员更好地控制身体摆动和运动。

球员在训练时可以采用有弹性的拉力绳进行训练。拉力绳的阻力带来感官输入，但是只有拉力绳对身体施加压力时才会刺激触觉感受器，促使达到理想的运动效果。这类训练需要精准地控制身体部位，重点是质量胜过数量。信息处理和反馈对可复制的挥杆动作是很重要的。

高尔夫球运动要求球员同时在所有主要平面内控制身体：矢状面（前屈和后弯）、额状面（两侧弯曲）、横断面（旋转）。身体转动是需要掌握的最重要的一个平面运动，因为高尔夫球运动主要是一项旋转身体的运动：重心发生移动，同时使用了几个轴心——肩部、手腕、脊柱、髋部、双腿和双脚。所以，在所有的训练中，在转动身体，重心开始远离，然后转向击球目标时，旋转力被运用和叠加在其他动作上作为阻力，或协助身体获得打高尔夫球所需的准确控制力。

在训练中，球员要了解能量传递、技能执行的运动记忆的重要性，将柔韧性练习、力量练习、耐力练习、速度练习及高效有力的挥杆、协调能力和挥杆次序的练习有机结合起来。只有进行注重能量传递、技能执行的运动记忆训练，才能达到事半功倍的效果。

七、几种常见的器械训练举例演示

选择适宜的负荷量，最好采用 10 负荷原则，主要发展速度力量，每组 10~15 次，一般要练习三组，要快起慢下，负重后要练习高速冲拳或高抬腿跑，保持动作的运动频率。在个人进行的专项身体素质练习时，采用组合器械练习是比较安全的，可行性和实用性都很高（图 4-46 至图 4-65）。

图 4-46　俯身三头肌屈伸（一）

图 4-47　俯身三头肌屈伸（二）

图 4-48 杠铃平板卧推（一）

图 4-49 杠铃平板卧推（二）

图 4-50 杠铃平板卧推（三）

图 4-51 高脚杯式深蹲（一）

图 4-52 高脚杯式深蹲（二）

图 4-53 跪姿绳索伐木（一）

图 4-54　跪姿绳索伐木（二）

图 4-55　跪姿绳索伐木（三）

图 4-56　跪姿绳索前推抗旋（一）

图 4-57　跪姿绳索前推抗旋（二）

图 4-58　蝴蝶机夹胸（一）

图 4-59　蝴蝶机夹胸（二）

图 4-60　站姿哑铃弯举（一）

图 4-61　站姿哑铃弯举（二）

图 4-62　坐姿高位下拉（一）

图 4-63　坐姿高位下拉（二）

图 4-64　坐姿水平划船（一）

图 4-65　坐姿水平划船（二）

高尔夫球运动专项力量训练要加强腰、背、手臂（特别是三角肌和肱二头肌）力量练习，并且同步发展小肌肉群，增强身体控制能力，使球员具备良好的平衡、协调能力。高尔夫球运动是一个比较敏感的运动，要求感觉细腻，空间感、位置感好，肩和腰等部位的柔韧和活动范围都要比较好。

第五节　高尔夫球运动的耐力训练

耐力素质是指球员的带氧能力，人只有在大脑供氧充足的情况下才能保持良好的判断能力和专注力。高尔夫球比赛需要球员注意力高度集中，并正确地判断环境因素，具备球路选择能力。这就需要球员具有很好的有氧能力，以保证长时间的良好运动表现。

耐力素质是人体坚持长时间运动的能力，高尔夫球运动需要进行很长的时间，球员要在竞赛的全过程中保持特定的运动强度和动作质量，就必须具有良好的耐力素质，包括有氧耐力、力量耐力、无氧耐力。

耐力训练常用的方法有持续训练法和间歇训练法。持续训练法强度较小，心率控制在 145~170 次/分，持续时间不少于 20 分钟，练习方法有匀速持续跑、越野跑、变速跑、法特莱克跑等。间歇训练法负荷强度较大，心率可达 170~180 次/分，要求机体尚未充分恢复、心率恢复到 120 次/分后即可进行下组练习。

第六节　高尔夫球运动的技术素质训练

高尔夫球技术是高尔夫球运动发展中的三大要素之一。素质是基础，技术是关键，高尔夫球运动对技术要求很高，球员在训练时要认识高尔夫球运动核心技术原理。

一、核心技术原理

（一）挥杆击球的技术原理

高尔夫球运动挥杆击球的能量来源于挥杆过程中的离心力，其基础是流畅的挥杆和合理的挥杆平面。

（二）挥杆是双支点运动

高尔夫球运动在上杆和下杆过程中遵循双支点能够合理发挥身体的综合效果，重心的转移会为挥杆带来重要能量的规律，在此过程中上杆和下杆分别用两个不同的脚来支持（特殊打法除外）。以右手击球为例，上杆时是右脚支持，下杆击球时是左脚支持，如果顺序不正确，球的飞行就会出现异常。

（三）上杆与下杆的合理顺序

为了能够发挥身体的能量，在上杆和下杆时重心的转移是个难点，根据身体形态可分为上部、中部、下部，上杆旋转时的顺序是上、中、下，而下杆过程应该是下、中、上，这样会带来更大的扭力，为杆头带来更大的挥速，这是挥杆击球的关键要素之一。

二、技术训练的基本要求

（一）要做到全面、实用、熟练、准确

技术的全面、实用、熟练、准确是相互联系、互为条件的，在技术训练中要全面贯彻实施。

技术全面是指球员要全面掌握组成高尔夫球运动的各项技术，包括对木杆、铁杆、挖起杆、推杆等技术的有效掌握。

技术实用是指技术训练要切合实际，符合比赛的要求，切实提高球员在疲劳、困难的情况下运用技术的能力。

技术熟练是指技术训练达到一定水平时能熟能生巧，随机应变，有创造性技术的出现。

技术准确是指技术训练要按正确的方法、要领进行，以达到正确的技

术规格要求。

（二）基本技术训练要贯穿训练的全过程

基本技术是高尔夫球运动的基础，只有基本技术过硬，才能掌握高难度的技术，很好地完成比赛，球员的运动技术水平才能上一个台阶。

（三）要考虑球员的个人特点

技术训练要考虑球员的个人特点，因人而异地提出不同的技术动作要求。因为每名球员在身体机能、体能素质、心理上存在不同，在进行技术训练就不能刻板地按照一个标准进行。应使训练更加符合每名球员的实际，这样才能扬长避短，充分发挥每名球员的技术特点，才能在比赛中取得好的成绩。

（四）要合理安排技术训练的时间

合理安排技术训练的时间的方法有两种：集中训练和间隔训练。在具体选择时应考虑两个基本点，即训练的任务和技术的复杂性。

（五）技术训练与体能训练要有机结合

高尔夫球运动技术训练是完成高尔夫击球动作训练的方法，也是决定球员竞技能力水平的重要因素。合理正确的运动技术，符合击球原理的要求，有助于球员取得优异成绩。同时，进行系统、科学的体能训练，可以对球员起到良好的促进作用，有利于球员提升能力，让其技术充分发挥作用。在训练中我们要把技术训练与体能训练有机统一起来，合理安排，相互促进。

高尔夫球运动技术是高尔夫球运动发展中的三大要素之一。素质是基础，技术是关键。球员技术的正确定型和运用能力非常重要。高尔夫球运动的技术练习主要包括练习场练习和下场练习。练习场练习主要是针对基本的挥杆技术进行的专门练习，可采用大量的练习球和重复练习方法来学习和巩固各种挥杆技术，这是高尔夫球运动技术练习的重要内容。练习场练习分为打击垫练习、真草练习和模拟器练习。打击垫练习由于缓冲较好，能够使打得较差的球也表现出较好的飞行效果，但不能反映出挥杆技术的真实水平。在打击垫练习较为稳定的前提下，如有条件可进行真草击球练习，使挥杆与击球更接近实际球场情况。在练习场练习较为成熟的前提下可进行室内模拟器练习或下场实际进行练习。通过下场练习，会发现技术和心理等多方面的不足，然后再回到练习场进行专门练习，再采用下场练习与练习场练习兼顾的模式。在工作和学习较为繁忙的时候，有空可多进行练习场练习。在北方，冬季是进行练习场练习的主要季节，有条件的可多进行室内模拟器练习。

三、技术训练的注意事项

（一）准备必要的运动着装

练习场练球的着装可适当自由些，要求没有下场打球那么高，但是，从运动安全与舒适方面考虑，还是要着运动装。鞋子应该准备专业高尔夫鞋，一方面是由于击球过程有大量的重心转移，要求球员做单脚支持动作，专业高尔夫鞋对脚具有良好的保护与支持作用；另一方面，脚也要适应高尔夫鞋，避免到下场击球时不适应，要形成整体的动力定型。

（二）准备活动要充分

在练习击球前，全身应该做好充分的热身，保证关节与肌肉充分活动开，避免拉伤。

（三）注意练习节奏

练习时先进行短杆小幅度空挥练习、全挥杆练习，再进行短杆小幅度击球练习、短杆全挥杆击球练习，然后不断增加杆的长度进行练习。可以多做空挥杆练习。

（四）学会思考

高尔夫球运动是一项思维性的运动，击打 50~20 个球后就应该暂停下来分析、思考、总结一下自己动作技术的状况，如有问题找一下原因，不要只是一门心思地击球而不考虑效果。

（五）学会合理运用标准技术动作与个人技术动作

高尔夫球运动对技术的要求较高，在练习过程中应学会合理运用标准技术动作和个人技术动作。不要为了一时的击球效果而通过改变合理球位、不正常上杆等来追求击球效果，要自己分析出问题的原因或请教教练来进行科学合理的调整。

（六）注意放松

当能够适应大量击球后，在炎热天气练球时也要注意适当休息，休息时应摘下手套让手通风，并适当按摩，避免大强度地挥杆造成手背静脉瘀血。练习结束后要适当进行全身拉伸放松。

第五章 高尔夫球运动的心理训练

高尔夫球运动的心理训练，是一种复杂的科学实践活动。作为高尔夫球运动训练的重要组成部分，心理训练与体能素质、技术、战术训练相结合，共同构成现代高尔夫球运动的完整训练体系。心理因素对运动有着重要影响，与许多竞技项目不同，高尔夫球运动与其说是一场与别人的对抗，更像是一场自己与自己的较量，它需要足够的耐心和专注，可以锻炼一个人独立思考的能力，培养一个人积极进取的心态。球员一旦踏上球场，就必须集中注意力，独立面对比赛中可能出现的各种困难，学习如何通过缜密的思考做出正确的判断，从而找到解决方案，并独自承担一切后果。也许，常常还会遇到这样的情况：你刚刚还在为抓到一个“小鸟”欢呼雀跃，下一刻大风就把小白球吹跑了；你才在上一个洞吞了“柏忌”，在下一个洞你就为抓了“老鹰”而兴奋不已。在高尔夫球场上，短暂的领先并不代表最终的胜利，而一时的落后也不意味着全盘失败，只有凭借毅力坚持到底，才有可能成为最后的赢家。好的心理素质应该是：能独立处理问题，能调节情绪与心境，直面挫折，抵御压力，保持积极进取的心态去应对每一次挑战。因此，高尔夫球员要重视平常及参加比赛时的心理训练。

第一节　高尔夫球运动心理训练的定义

高尔夫球运动的心理训练，是指通过训练手段和方法，有意识地对球员的心理和个性特征施加影响，使球员能够及时调整自己的心理状态，做好参加训练和比赛，争取在比赛中获得优异成绩的心理准备的训练过程。训练的根本任务就是在于保持良好的竞技状态，为比赛时能够发挥出正常的训练技术和战术作保障。球员的心理训练，是指根据高尔夫球运动的特点和球员心理活动的规律，有目的、有计划地培养球员在训练和比赛中所需要的心理素质，最终提高球员调节心理状态、适应比赛的能力，以确保最佳竞技水平的获得和发挥。

一、心理训练的分类和任务

在高尔夫球运动中，球员的心理训练可分为一般心理训练和比赛心理训练两类。

（一）一般心理训练

一般心理训练，是指在运动训练的各个阶段和比赛阶段都需要进行的心理训练，目的在于提高球员完成专项运动所需要的心理素质。由于一般心理训练的时间较长，贯穿球员的整个训练阶段，所以又称其为长期心理训练。一般心理训练至关重要，因为球员良好的个性特征和心理素质都是根据一定的目的、任务和要求，经过长期训练形成的。

一般心理训练主要包括以下内容：

1. 培养适合专项运动的良好个性特征

培养球员适合专项运动的良好个性特征在一般心理训练中有重要意义，它和球员能否取得优异成绩有很大的关系。有些球员具有较好的身体条件，但缺乏专项运动所需要的个性心理特征，所以虽经多年训练，仍然成绩不佳。

良好的个性特征能提高球员的训练能力和训练效果。例如，那些对高尔夫球运动具有浓厚兴趣的球员，渴望提高自己的运动成绩并希望能在比赛中获胜。这类球员在认知、情感和意志品质等各方面就具有较高的积极性。他们在训练和比赛中就会有较充分的心理能量储备，可以承受大运动量训练，能延迟体力和神经疲劳现象的出现，从而提高运动能力和训练效果。所以，在一般心理训练中，应把球员的个性特征培养视为首要任务。

2. 不断完善专项运动所需要的心理品质

从心理过程来看，心理品质是球员发挥智力水平的重要因素。球员要合理地、全面地掌握运动技术和战术，并能在训练和比赛中充分发挥技术和战术水平，与球员从事专项运动所需要的良好品质密切相关。

（1）改善知觉过程。要训练球员，使其具有精确的肌肉运动知觉，使其具有准确控制各种动作和空间定向的能力。尤其应该注意提高对专项运动有重要意义的专门化知觉，如球类球员的“球感”，投掷球员的“器材感”等，因为这些专门化知觉直接影响着运动技术动作的精确性和协调性。但专门化知觉的敏锐度与训练水平、情绪态度和疲劳程度有关，训练过程中应注意这些因素的影响。

（2）发展注意力。进行注意力稳定性、注意转移和注意分配的训练，使球员能在很短的时间内集中注意力于训练任务的完成。将注意力分配和集中于完成各种训练和比赛上的能力，使球员能根据训练和比赛任务的要求，较长时间集中于训练和比赛任务的完成。

（3）发展记忆、想象、形象思维。应使球员在头脑中对动作的表现和概念有清晰的印象，能快速、准确地记忆动作。训练利用肌肉运动表现的能力，训练判断反应能力，使球员能迅速分析临场情况的变化和解决困难等。

（4）稳定情绪，培养意志。加强情绪稳定性和适宜的兴奋性训练，使球员参加训练和比赛时学会调节情绪状态的方法，使在必要时能更加勇敢、顽强、坚毅、果断、自制、镇静，表现出夺取胜利的意志品质等。

（二）比赛心理训练

比赛心理训练是针对既定的比赛任务进行的，其目的在于使球员能在较短的时间内学会自我调节心理状态的方法，以便尽快进入最佳的竞技状态，也称短期心理训练。

比赛期间心理训练，可细分为赛前心理训练和比赛过程中的心理训练。

1. 赛前心理训练

赛前心理训练一般在赛前两三周开始，其具体任务是：

（1）明确比赛任务，激发比赛动力，树立取胜信心。

（2）掌握具体的比赛心理训练方法，控制和调节心理状态，消除心理障碍，形成最佳竞技状态。

（3）提高心理的适应性，学会在千变万化的比赛情况下保持积极稳定的心理状态，正常或超常发挥运动水平。

2. 比赛过程中的心理训练

比赛过程中的心理训练可在每次比赛前、一次比赛中、两次比赛间和比赛后进行。其任务是：

（1）帮助球员积累和分析比赛过程中出现的新情况，及时修订比赛行动计划。

（2）采取必要措施进行心理调节，保持积极稳定的心理状态。

上述两类心理训练并不是各自孤立的，而是相互依赖和互为条件的。如果没有一般心理训练，比赛心理训练就没有可靠的基础，难以取得良好的效果；同样，如果不对球员进行比赛时的心理训练，一般心理训练也就失去了针对性，也就不能提供给球员有效的方法和措施来解决训练时的心理矛盾。

二、心理训练的原则

心理训练是对球员心理活动施加影响的教育过程，实现这一过程，必须遵循一系列的教学和训练原则，才会使心理训练取得良好的效果。

（一）自觉积极性原则

心理训练的效果，首先取决于球员的自觉积极性。如果球员不相信心理训练的作用，对心理训练持观望、怀疑甚至否定的态度，在教练的强迫或命令下接受心理训练，不仅不会产生良好效果，而且可能会起反作用。这是因为，任何心理训练手段的掌握和运用，都不可能脱离人的主观状态而起作用。如果缺乏对心理训练的自觉积极态度，被动地接受心理训练，就失去了内部动力，甚至会产生厌烦和对立情绪。

（二）循序渐进和与专项训练相结合的原则

循序渐进，就是说对球员提出心理训练的任务和要求，要由易到难，逐步提高，使之有计划、有步骤地进行，不能操之过急，要持之以恒。

与专项训练相结合，就是要把心理训练同球员的身体训练、技术训练、战术训练等有机地结合起来，把心理训练的内容巧妙地贯穿到身体、技术和战术训练中去，贯穿到每个动作的正确掌握和错误动作的纠正中去，使专项训练中全面渗透心理训练的内容，完成心理训练的各项要求。

（三）个别对待与重复性原则

个别对待原则是指在进行心理训练时要根据球员的个人心理差异区别对待。例如：有些球员属于活泼型，表现为灵活性高、转移能力强、稳定性较差；有的球员属于安静型，表现为稳定性较好、灵活性不足。根据球员这些特点的差异，对前者应加强注意力稳定性训练，对后者应加强注意力转移和分配的训练。又如，比赛中产生恐惧、胆怯的心理状态，有的球员可能是技术上的原因引起的，有的球员可能是因为经验不足。这就要求根据不同原因，采用不同的方法或措施，区别对待，帮助球员克服恐惧、胆怯的心理。

重复性原则是指心理训练要反复进行、反复实践，使球员的心理品质在反复进行和反复实践中得到发展和提高。这是因为，有些心理训练方法，球员不能轻易掌握。例如，中枢神经系统对植物性神经系统的控制和调节，必须经过长期的重复训练和实践才能奏效。

三、球员应具备的心理品质和个性特征

（一）精确的运动感知能力

球员在运用大脑对自身的行动、球杆、场地及时空等客体做分析综合后，凭借视觉、知觉、平衡觉、触觉等多种感觉，做出高度敏锐的识别与认识。这种识别与认识用专业术语来说就是“球感”“场地弹性感”“时间感”“空间感”等专门化知觉，即能准确地控制自己的动作，具有敏锐的球感、时空感、节奏感等。因此，球员在合理运用技术动作的过程中必须具有准确的判断、快速的反应和清晰的时空概念，以满足高尔夫球运动的要求，达到高度自动化的程度，用动觉控制代替视觉控制。

（二）准确的动作记忆能力

准确的动作记忆能力，是建立清晰准确的运动表象的基础，是形成动

力定型的重要内容，在学习技术动作和创新动作时都需要把头脑中的运动表象迅速而准确地转化为技术动作，并能够准确地完成技术动作。

（三）思维的敏捷性和灵活性

在学习和掌握技术、战术时，球员要积极参与，通过分析、对比，尽快地掌握正确的技术动作，防止错误动作的产生或及时纠正错误动作。球员的思维形式主要是操作思维，即借助运动操作，根据动作和操作对象的规律进行思维活动。球员思维的敏捷性和灵活性主要表现在能随机应变，合理地运用技术、战术和适应各种场地的能力上。

（四）良好的注意力

良好的注意力即在一定范围内集中注意力的能力，准确而迅速地进行注意力的分配和转移的能力，以及良好的注意力稳定性。球员学习和掌握技术、战术必须在注意力集中的情况下进行，运用技术、战术时要求注意力合理分配和及时转移。高尔夫球比赛的情况瞬息万变，这就要求球员排除来自外界、自身的各种干扰，把注意力集中在完成每一个动作上，同时，又能合理地分配和迅速转移自己的注意力，以便准确观察和判断对手、同伴的状况，以及球的动向。高尔夫球比赛的时间一般较长，对注意力稳定性要求较高，在疲劳的情况下更是如此。

（五）坚强的意志品质

意志品质是指个体在遇到困难的情况下独特的意志表现。在高尔夫球比赛中，球员如果有明确的目的，就会有意识地、自觉地去克服一切困难，达到自己的目的。

（六）必备的情感和控制能力

情感是人对客观事物是否符合自己的需要而产生的体验。不同的情感体验，会对运动起到不同的影响作用，将关系到训练和比赛的质量和效果。研究表明，一般比较强烈的情绪，会引起人体一系列的生理变化，并影响技术水平的发挥。高尔夫球运动的训练和比赛，都会引起球员的情绪波动。

四、高尔夫球运动心理训练的意义和作用

高尔夫球运动心理训练是高尔夫球运动训练的重要组成部分。人的竞技潜力的发挥，依靠体能、技能、智能和心理因素的有机结合。近年来人们认识到，在身体、技术、战术训练水平日益接近，竞争越来越激烈的条件下，取胜的关键是高尔夫球员的心理素质，这也在国内外重大高尔夫球比赛中得到证实。

（一）心理训练有利于心理过程的完善

心理训练可以培养球员在训练和比赛中精确的运动感知、敏锐的思维、良好的注意力、稳定活跃的情绪以及坚强的意志品质，从而有利于球员心理过程的完善。

（二）心理训练有利于个性心理特征的形成发展

心理训练能对球员良好个性心理特性的形成和发展产生巨大的影响，可以发展其不畏强手、沉着冷静等运动训练及比赛所需的特殊能力。

（三）心理训练有利于参加训练和比赛的适宜心理的形成

心理训练可激发球员的比赛动机和强烈的求战欲望，建立必胜信念，提高球员的自我控制能力，及时消除心理障碍及由此带来的行为障碍，使其心理状态满足训练和比赛的要求，为提高运动技术、战术水平及获得最佳竞技状态奠定良好的心理基础。

（四）心理训练有利于消除疲劳，加快恢复过程

运动训练和比赛往往导致球员身体和心理上的疲劳，球员在消耗巨大身体能量的同时，也要付出巨大的心理能量。在一般情况下，这种体力上和脑力上的疲劳可以通过休息和营养来消除，但心理训练可以缩短消除疲劳及恢复体力和脑力的过程，可减少心理紧张，克服心理抑制状态。

第二节　高尔夫球运动心理训练的方法

高尔夫球巨星本·霍根曾说，打高尔夫球，80%靠智慧与心理。心理

素质的好坏，对球员的水平有很大的影响。球员心理训练水平的高低，对球员心理素质的好坏起决定作用。

如前所述，球员的心理训练可以分为两类：一般心理训练和比赛心理训练。一般心理训练的方法包括放松训练、表象训练、注意集中训练、提高感知觉训练、意志品质训练等。一般心理训练在高尔夫球运动训练的各个阶段和比赛阶段都可以进行。比赛心理训练的方法包括目标设置训练、模拟训练、思维阻断法、暗示训练等。比赛心理训练仅在比赛阶段开展。

一、一般心理训练

（一）放松训练

放松训练法主要通过球员的主动放松增强其对生理和心理活动的控制，达到降低唤醒水平、调整情绪的目的。放松训练可以降低球员交感神经系统的活动水平，减少骨骼肌的紧张，减轻过分焦虑，具有良好的抗应激效果。该训练可以使球员肌肉放松、情绪稳定，从而达到最佳运动状态。

放松状态，是指思想、情绪和肌肉都处在一个不紧张或松弛宁静的状态。在进入松弛状态时，全身骨骼肌张力下降，呼吸频率和心率减慢，血压下降并有四肢温暖、头脑清醒、心情愉快等感觉。同时，这种状态能为其他心理机能训练打下基础。

放松训练方法分为三种，即渐进性放松法、自身放松法和深呼吸放松法。

1. 渐进性放松法

渐进式放松法，是高尔夫球运动心理训练中最常用的一种放松方法。它的效果非常好，可以使球员感到非常舒适。训练时主要通过调动全身肌肉群，对头、颈、肩、手、胸、背、腹、腿、脚由上至下进行放松，达到消除身体紧张状态，缓解焦虑情绪的效果。这种方法主要在日常训练或赛后恢复过程中采用。

训练目的是通过紧张和放松的对比，了解不同程度的紧张和放松。

注意事项如下：

（1）做好放松训练前的准备工作。寻找一处安静的场所，配置一把舒适的椅子。放松前，要松开紧身衣服和妨碍练习的饰物等，减少外界刺激。

（2）形成一种舒适的姿势。使身体形成一种舒适姿势的基本要求是减少肌肉的支撑力。轻松地坐在一张单人沙发里，双臂和手平放在沙发扶手之上，双腿自然前伸，头与上身轻轻靠在沙发后背上。

（3）做几个深呼吸。从头顶向下到脚趾或者从脚趾向上到头顶，将意念逐次集中到每一组肌肉上，让它们放松。合理安排时间，开始时最好每天两次，每次15~30分钟，最合适的是早、晚各一次。要做到持之以恒，坚持训练。

2. 自身放松法

自身放松法是通过指导语诱发球员，使球员自身产生某种感觉体验，进而达到精神和身体放松的方法。这种方法主要用在平常训练中和比赛后用于恢复训练。

3. 深呼吸放松法

深呼吸放松法是指球员首先使自己心神安静下来，采取舒适的姿势，想象自己已经身处一个十分优美的环境，按照深吸气、长呼气等呼吸要点和方式来调节气息，配合呼吸，伴随着一定部位的肌肉运动和放松，最后达到全身肌肉放松的方法。

胸部呼吸可以增加呼吸量，使血液中的氧气含量更充足，使肺部的二氧化碳呼出得更彻底，还可以减少心脏和肺部受到的压力。因此，在面临紧张情况时做深呼吸，可使人全身放松，恢复镇定和平静，并且增加勇气与自信。

深呼吸放松法简单易行，不需要占用较长时间，是一种方便、有效的应急措施。在高尔夫球运动日常训练或比赛之前采用该方法，用来调整身心状态，减轻紧张情绪。

训练目的是通过呼吸方式的调节使肌肉放松。

注意事项如下：

（1）在练习深呼吸时，可以闭上眼睛，以放松的姿势坐着或站着。

（2）抬头挺胸，双肩放平。

（3）吸气时要深深地吸，把肺部尽量扩张；呼气时慢慢地呼，让呼气时间拖得稍长一点，一直到把肺部的残留气体差不多呼尽。

（4）尽量用鼻子呼吸。

（二）表象训练

表象训练也称想象训练、念动训练等，是指球员在日常训练或比赛中有目的地在头脑中想象击球动作、情绪状况或比赛场景，从而起到强化心理的训练方法。例如，球员在击球之前，可以先在头脑中想象训练——过程如同“放电影”，先想象击球时高尔夫球场周围的画面，再想象高尔夫球在球场的位置，随后想象自己将球击出。

1. 表象训练的分类

表象训练分为两大类：内部表象训练和外部表象训练。内部表象训练以运动感觉为主，能够感觉肌肉活动。外部表象训练以运动视觉为主，能够看清自身动作。在训练过程中，把两种表象练习结合起来，效果最好。

（1）内部表象训练。内部表象训练是指球员运用内部视角，想象自己在击球，这时球员可以感觉到自己在击球。例如，在击球时的内部表象训练中，球员可以看到球场的环境、自己手中的球杆，可以感觉自己的肌肉活动，但不能看到自己的动作和视线以外的事物。

（2）外部表象训练。外部表象训练是指球员运用外部视角，想象从外部看到自己在击球。球员可以看到自己瞄球、上杆、击球的一系列动作，这时球员是以一个观众的视角来观察自己的动作的。

2. 表象训练的实施

在表象训练的实施中，我们最注重的是两方面的训练：清晰性训练和可控性训练。

（1）清晰性训练。在练习时，必须尽可能真实、生动地进行表象演练，内容越真实，对实际操作时的影响越大。动作回忆练习，练习过程中，先进行击球练习。然后闭上眼睛，尽可能想象自己击球时身体不同部位的动作细节表象。从看到自己的准备姿势开始，用眼睛的余光看向击球线，看到并感觉到自己上杆到顶点的动作，感觉到身体左侧在绷紧；感觉击球一瞬间，完美地触球；感觉身体重心继续向左移动，收杆重心移到左侧，右脚完全踮起；看到球打出去了，又远又直，刚好落到球道正中央；看到自己收起木杆，走向落球点准备下一杆的击球。

（2）场景回忆练习。想象自己近期比赛或练习的球场场景。想象自己站在发球台上，可以看到球场内其他场景，看到球场的长短、宽窄，看到草皮平坦程度，同时感受到球场微风的流动，感受到阳光的照耀，动用所有的感官，使各种感觉都融入想象中去，想象得越准确、越细致越好。可以体会球杆重量练习。首先，想象自己右手正拿着一支木杆，直臂慢慢向前方抬至与肩同高水平，体会手臂用力的感觉。接着，想象右手木杆由一支变为两支，努力感受手臂增加用力的感觉。随着时间的推移，手臂感觉越来越重，越来越疲劳，仔细体会这种沉重感觉。然后再想象右手中球杆被同伴拿去，手臂变得轻松，慢慢放下手臂，手臂变得越来越轻松。

（3）可控性训练。表象训练中起重要作用的另一要素，是球员对头脑中出现的图像能够随心所欲地控制。

控制动作幅度练习：闭上眼睛，想象自己在进行击球练习，并随时控制挥杆动作幅度。例如：在击球过程中，使球杆到顶点停住，看看自己在顶点的动作是否正确；在击球瞬间停住，看看自己在击球瞬间杆头位置是否正确；在收杆位置停住，看看自己重心转移是否正确。

控制不同球杆练习：在头脑中想象自己运用不同的球杆，如 1 号木杆、7 号铁杆、劈起杆等球杆，做出不同的击球动作。看到、感觉到自己的动作，并观察自己击出的球正在向自己想要的落点飞去。

想象在困难比赛中的训练：想象自己正在进行一场非常艰苦的比赛，遇到发球失误、球出界、球入水、球入沙坑等情况，让自己置身于这样的情境中，想象自己克服消极情绪，冷静地打出了漂亮的击球。例如，想象自己在攻果岭时，球落入果岭前的沙坑内，然后继续想象自己上杆击球，漂亮地一击，把球击上果岭。

表象训练有很多形式，可以运用语言暗示、放录音引导和看录像等方法来进行。由于电化教学条件获得改善，可以将拍摄的有关运动技术的录像播放出来供球员观看。球员在看完录像后，先闭眼放松，然后把刚才看过的十分完好的动作影像在大脑中重新"过一遍"，这样反复多次进行，较为有效。表象训练的内容主要是正确的动作技能及其完成过程，但也可以是有助于身心放松的某些情境性内容。

（三）注意集中训练

注意集中训练是球员有意识地指向和集中于一定的目标，以提高专注能力的练习方法。训练过程中，球员将注意力全神贯注于一个确定的目标，排除内外因素的干扰，防止分心和伤害事故的发生，促使击球动作较好完成。比赛中对球员的干扰因素主要来自外部刺激和内部刺激，其中，对手、观众、环境的变化等是外部刺激，怀疑、焦虑、疲劳等是内部刺激。球员在比赛时，不能被干扰因素影响，需要在每一次击球前，调整好自己的注意力，不能把注意力停留在上一洞的成绩上。

1. 积极目标训练

球员要给自己设定一个自觉提高自己注意力和专心能力的目标，开始比赛时，就能够迅速地集中注意力不受干扰。例如：如果球员对自己的要求是，要在高度集中注意力的情况下将每一次击球打好，那么无论球员是在开球还是在推杆，一旦开始比赛，注意力就会高度集中，从而排除干扰。

2. 动作自动化训练

掌握了扎实的高尔夫击球技术，球员在击球过程中就不需要在击球动作上给予太多的注意，而是直接以自动化的形式进行击球，并根据实际情况去选择击球策略。因此，使高尔夫击球动作自动化，对球员注意力的集中特别重要。

3. 对身体感官的训练

身体感官训练，是指球员在训练过程中对视觉、听觉等身体感官进行训练。这种感觉上的专心训练是进行注意力训练非常有用的技术手段。

（1）利用视觉集中注意力。这是利用视觉注视某个目标，练习提高注意力集中能力的方法。例如，球员拿一个高尔夫球，把它放在自己面前，盯着它看，把注意力完全集中在球上，让自己的脑子里只有球，并尝试着逐渐增加训练的时间。

（2）利用听觉集中注意力。这是利用听觉，练习提高注意力集中能力的方法。球员听到或想到某种声音，如球场上的鸟叫声，并让自己的脑子里只有这一种声音。如果球场还有其他声音，尝试着忽略它，让自己的注意力全部集中到鸟叫声上来。

（3）利用呼吸集中注意力。这是球员利用意识对呼吸动作的调节，将大脑和身体活动有机联系起来，练习提高注意力集中能力的方法。球员在进行注意力集中练习时，要将注意力指向呼吸的动作和过程，用意识去感受呼吸的动作和气体的出入，逐步使呼吸加深、呼吸次数增加。反复练习后，将提高注意力集中能力。

（4）利用想象集中注意力。这是利用想象，将意识集中在注视和形象回忆上，以练习提高注意力集中能力的方法。例如，球员想象在击球的整个过程中，始终将注意力集中到身体的某个部位，感受这个部位的姿势、发力等，逐步延长感受的时间或变换感受的部位，以提高注意力。

（5）利用暗示集中注意力。球员在训练或比赛过程中，采用语言或行动进行暗示，进而练习提高注意力集中能力的方法。

①语言暗示法。球员不能很好地集中注意力，通常会在某个技术环节或某个行为中表现出来，如击球时转肩不够，肌肉紧张，等等。这时，球员就可以把注意力专注于影响自己的具体环节上，并采用暗示语的形式反复提醒自己，如每次击球之前反复暗示自己转肩、放松等。

②行为提示法。球员在击球之前，采用一些小动作，给身体一个注意力要集中的提示。例如，在击球之前，重心向右稍移，左手拇指稍稍用

力，在身体提示下，球员就知道需要集中注意力击球了。

（6）利用干扰条件来锻炼注意力。在嘈杂环境中完成击球任务，以此来锻炼注意力。例如，在击球训练中，播放一些嘈杂的音乐，或组织“观众”亲临现场，在有干扰的条件下进行训练，提高“闹中求静”的能力。

（四）提高感知觉训练

感知觉是指由球员感觉器官对来自身体内外的刺激做出的相应反应，是进一步理解高尔夫球运动知识、技术、技能的基础。例如，眼睛看到球、球杆，耳朵听见风声、音乐声，皮肤接触球杆，感受到自身击球动作，等等。高水平的感知觉是由多种分析器的协同活动产生的，依靠视觉、听觉、肤觉、肌体觉、运动觉、平衡觉等，来接受外界刺激或自身的信息，然后做出相应的反应，有的甚至还会有记忆、思维等心理活动的参与。各种心理活动作为一个整体，其实是不能截然分割开的，它们总是彼此融合、交织在一起的。

1. 对自身的感知觉训练

对自身运动的感知是完成身体运动的前提，如重心转移的感知等，培养球员在不同阶段对身体的掌控能力，如击球过程中对身体各部分（躯干、四肢、头部）所处位置的感知，用力大小，等等。

2. 对球和球场的感知觉训练

练习对球的速度、高度、方向等变化的感知，培养球员的“球感”，包括对球的大小、轻重、形状、弹性、软硬、颜色、滑旋转程度的感知。只有对球场大小、坡度陡缓、距离远近的感知有了深刻而准确的了解，才能合理地进行击球。

3. 对天气的感知觉训练

对天气的感知觉训练主要指对正常天气、大风天、雷电雨天以及高原和寒暑气候等的感知觉。

4. 几种特殊感知能力的训练

（1）方位感知能力的训练。方位感知能力，是指球员对自身方向和位置的认识与判断能力。这一能力对于球员来讲至关重要。例如，球员在不同的环境里，用睁眼和闭眼的方法练习辨识自己所在位置所面临的方向，迅速地判断出东、南、西、北的具体朝向，前、后、左、右的具体位置。然后，由静态变为动态进行练习，转动自己的身体，主动地命令自己转若干度，或转至什么方向，久而久之，对平面的方位知觉就会有一个新的飞跃。

（2）距离感知能力的训练。距离感知能力，是指对水平距离的目测判断能力。这一能力的训练应由近至远逐步进行，即先训练对短距离的感知能力，如10码、20码、30码，然后逐步过渡到对100码、150码、200码等长距离的感知能力。

①在球场或练习场，先让球员预判某两点之间的距离，然后通过实地测量进行验证，最后把测量结果反馈给球员。球员将预判距离和测量距离进行比较，找出其中的差距，再进行新一轮的预判。这样可对球员正确的距离感知给予积极的肯定强化，对不正确的距离感知进行消极的否定分化。这样的训练一定要重复多次进行才能有良好的效果。

②球员先测量出自己正常走路时一步距离的长度，作为标准，然后在操场、道路等地任意预判两点之间的距离，再用自己的脚步进行测量，将预判和测量进行对比。这也可以起到训练距离感知的作用。

（五）意志品质训练

意志品质是球员为了达到既定目的，在行动上表现出来的自觉克服困难的心理过程。球员的意志品质不是天生的，而是在后天训练、比赛过程中锻炼出来的。培养良好意志品质的方法有以下几种。

1. 合理奋斗目标的确定

让球员了解高尔夫球运动训练或比赛的目的和任务，使球员根据自身情况制定自己的奋斗目标，从而使球员能够自觉地调动自己的意志，积极顽强地去完成任务。

2. 克服客观困难的训练

安排球员在不同的负荷、练习难度和气候环境下进行训练。安排意志品质训练应遵循循序渐进的原则，可以先安排难度较小的训练，随后不断增加训练难度，促使球员在困境中寻找解决问题的方法，培养球员与困难作斗争的决心和毅力，增强球员独立克服困难的能力。可以让球员在不良的气候条件下训练，如逆风、强光、高温、下雨、冰冻等气候条件下，提高对各种气候环境的适应性，培养在恶劣条件下调整自我心理的能力，克服消极情绪，更好地磨炼意志。

3. 果断性的训练

球员在处理一些复杂问题的时候，如击球入沙坑、击球入水等，要能迅速果断地做出选择。果断性的训练有利于培养当机立断的品质。

4. 自制能力的训练

自制能力是球员的重要品质之一，指球员在球场遇到挫折的情况下，能克服外界干扰，保持稳定的情绪，充分发挥自身水平的能力。在训练中，主要采用自我鼓励、自我命令、自我说服等方法，使球员养成自我控制的习惯。

二、比赛心理训练

（一）目标设置训练

目标设置是指球员确立运动目标、制定成绩标准的过程，这是一个重要的动机过程。一旦球员为自己设置了一个运动目标并承诺要实现该目标，那么球员就会注意到自己的实际击球水平与目标水平之间的差异，这种差异促使球员采取行动，以减少目标与现状之间的差距。因此，目标的存在本身就具有激励作用，球员所设置的目标决定着他在活动中如何分配自己的注意力以及争取良好表现的努力程度，进而影响着他的实际运动水平。

1. 目标设置的原则

（1）设置短期与长期相结合的目标。长期目标是球员对训练、比赛过程的总体规划。短期目标是将长期目标进行细化后形成的具体的、便于完成的目标。与长期目标相比，短期目标更容易达到，能够使球员在练习过程中不断体验成功的感觉，获得满足感，从而提高自我效能感。要实现长期目标，就必须以短期目标为基础。短期目标与长期目标的关系就好像上楼梯一样，长期目标是楼梯的顶端，短期目标就是一个一个台阶，要到达顶楼，就必须不断地攀登。

（2）设置具有高水平但可以实现的目标。确定适合的目标是球员走向成功的第一步。球员设定过高或过低的目标都不能对自身产生激励作用。目标设置过高，不容易实现，容易使球员产生挫折感；目标设置过低，轻而易举就能实现，对球员的技能提升没有太大意义。而挑战性目标，即高水平但又比较现实的目标，对球员行为具有促进作用，因为该目标的实现，既可以使球员看到自己具有较高的能力，又可以使他看到自己的能力有进一步发掘的潜力，有进一步提升的空间。因此，制定目标时，球员应根据实际能力设置难度适中的目标。

（3）设置明确的、可达到的目标。在训练或比赛中要确定具体的目标而不是模糊的目标。例如，教练在比赛前对球员说“第一洞难度较小，必须打个小鸟球”。“打小鸟球”就是教练设置好的目标，但小鸟球究竟该怎么打，却非常模糊。这就是目标设置中的一个缺陷。具体的目标应该是量化的，如第一洞是个五杆洞，第一杆必须打 280 码上球道，第二杆要上果岭，果岭上争取推两杆进洞，等等。

任务定向是指球员进行纵向比较，即将自己目前的运动成绩与过去的运动成绩比较。球员只要全力以赴超越过去的成绩，就会获得成就感。

自我定向是指球员进行横向比较，即将自己的运动成绩与他人的运动成绩比较。只要超过他人，球员就会获得成就感。

通过比较这两种目标设置，我们可以看到，任务定向要求球员将注意力集中在训练的过程上，而不是训练的结果上。所以，任务定向是可以把握的，不容易受到对手影响。自我定向注重竞争，最关心的是个人能力水平的高低，是以他人为标准来判断成功与失败的，是我们不能把握的；但自我定向目标又是球员无法回避的，因为第一名只有一个。因此，球员在日常训练中应多采用任务定向目标来提高自身对运动的注意，采用自我定向目标来维持一个长期的训练动机。

（4）确定实现目标的具体计划。目标设置好了，还必须有相应的计划来实施。就好比球员要从武汉去上海打球，还得计划好从哪里出发、怎么走等。例如，球员要将 1 号木杆击球距离由 240 码增加到 270 码，这就是一个明确的目标，如何来实现这个目标或者说球员要实现这个目标应该采取哪些策略，这就是具体计划。

2. 目标设置的步骤

（1）在目标设置前，球员可以通过自身总结、与教练交谈及与其他球员讨论等方式，尽可能收集多方面信息，为确定合理、清晰的训练目标打下基础。

（2）根据收集的信息，确定高尔夫球训练的目标，并制订一份详细的计划。计划应包括球员达到目标的周计划、月计划以及年计划，还应包括球员为达成目标采取的策略、达成目标的期限、达成目标后的自我奖励等。

（3）根据制订的计划，开始各项技术及心理训练。在训练过程中，应随时根据球员的实际训练情况进行总结，纠正各种错误，提高训练效率。

（4）一旦达到短期目标，就自我奖励，然后转到下一个短期目标，同时自问如何在下次做得更好。

（5）根据自身实际情况，不断更新目标，直至完成最终目标。

（二）模拟训练

模拟训练是指针对高尔夫球比赛中可能出现的情况或问题，提前创设与比赛相似的环境进行实战演练的训练方法。模拟训练是进行模仿、演示，使球员适应实战的一种针对性、适应性的训练。科学的模拟训练，能够消除球员在比赛中可能产生的不良反应和心理障碍，保证球员在比赛中处于良好的生理及心理状态，促使球员技术、战术在千变万化的比赛环境下正常发挥。

1. 模拟对手

让同伴模拟对手的各种活动，使球员更加细致地了解对手的技术、战术特点，并由此制定合理的应对策略。如果有条件，还可以借助视频录像，进一步了解和分析对手，以获得更好的效果。

2. 模拟观众

在正式比赛时，观众的语言和行为会给球员带来干扰和压力，有可能使球员在击球过程中紧张和分心，从而造成击球失误。在赛前组织“观众”模拟观看比赛场景，在球员击球过程中有意发出各种声音，如喝彩声、倒嘘声等，有利于培养球员抗干扰能力和适应能力。

3. 模拟环境

模拟不同环境，如不同气温、天气、气压、风力下的比赛场景，提高球员在不同环境下进行比赛的能力。

4. 模拟特殊情境

特殊情境包括特定的比赛情境（特殊球位处理、击球失误、球出界、球落水）和动态比赛情境（比赛领先、比赛落后），通过对不同时期比赛情境的模拟，提高球员在比赛出现不同状况时的适应力。例如，对沙坑球处理不好的球员，可以在比赛前多模拟处理沙坑球的情境，越是困难，越应该冷静处理，以培养顽强的意志。

（三）思维阻断训练

思维阻断训练，又称思维停止训练或思维控制训练，主要用于球员控制自我挫败（不合理）的思维和表象，它特别适用于反复思考过去的事件以及反复出现一些无意义思维活动的球员。例如，球员在打了界外球后，在脑中持续出现为什么会打界外球、自己的错误动作在哪里等想法，严重影响了接下来的击球。

当球员出现消极思维时，感到心理紧张时，可以大吼一声，或者向自己大喊一声“停止”，去阻断消极驱动力的意识流，以积极思维取而代之。球员还可以采用一个响亮的信号或者可以代替消极思维的积极行动，来阻断消极思维。在实际应用时，要反复使用这一方法，直至在“停止”暗示和强迫思维之间的联系得以强化。

（四）暗示训练

暗示训练是指利用语言、手势、表情或其他暗号，对球员心理施加影响，进而影响球员行为的过程。

研究表明，自我暗示能够提高球员动作的稳定性和成功率。根据高尔夫球比赛的特点，可适时运用暗示的方法，把球员对比赛名次及多方面的焦虑和担忧转移到正确运用技术和提高自信上。这样会缓解球员比赛和训练中的紧张情绪，从而使其正常发挥技术水平。

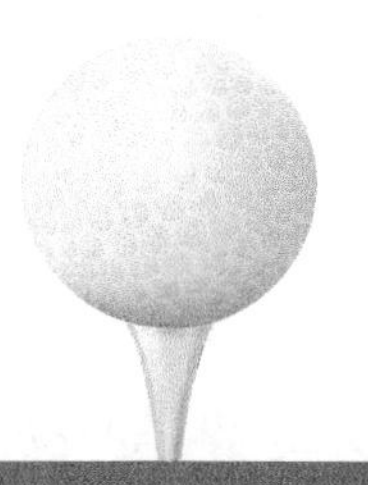

第六章 高尔夫球具及其对项目的影响

高尔夫球运动的主要球具包括高尔夫球杆、球、球包、服装等，要想更好地体会高尔夫球运动，就必须要对球具进行充分的认识和了解。

第一节　高尔夫球杆

一套完整的球杆通常包括3根木杆、9根铁杆、1根挖起杆以及1根推杆（图6-1、图6-2），也可以根据自己打球的习惯进行调整，但在参加比赛时，球包里的球杆不能多于14根。随着高尔夫球员的水平不断提高，球具的选择也会发生变化。

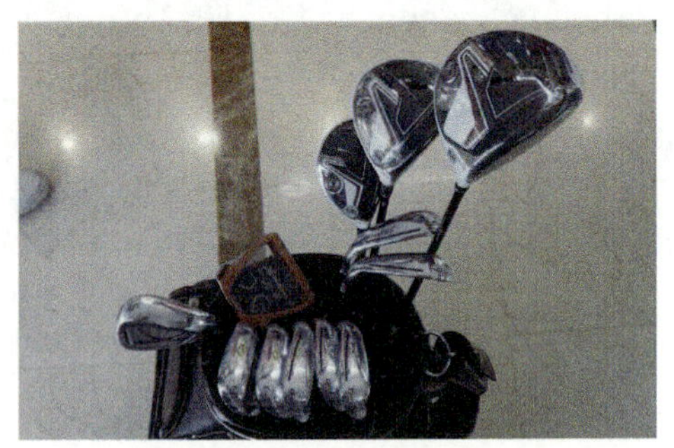

图6-1　高尔夫球杆（一）

图6-2　高尔夫球杆（二）

一、高尔夫球杆的发展

随着高尔夫球运动的发展，高尔夫球具也发生了很大改变，苏格兰作为高尔夫球运动的起源地之一，15 世纪已出现第一支木杆（图 6-3）。

图 6-3　早期的木杆

当时的木杆杆身坚实，杆头沉重，握把缠绕着小羊皮等真皮。早期制作的木杆常常用山毛榉木，也用苹果木、梨木和李树木。这些木头都可以用来造杆头。后来苏格兰人从北美引进柿木，柿木木质密实，不容易开裂，是制造球杆的良好材质。木杆制作很费工，要经过干燥工序和细致的选料工序（图 6-4）。

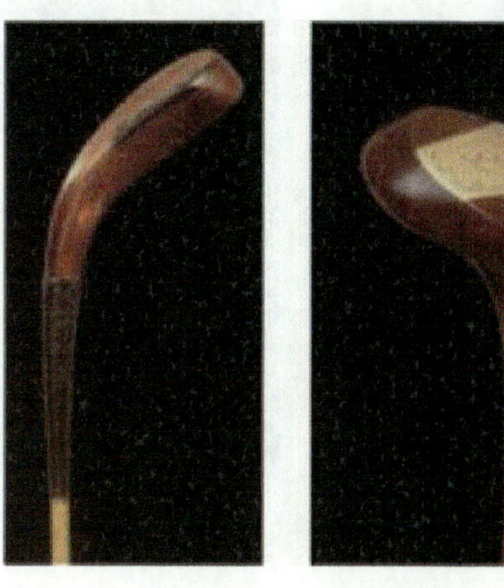

图 6-4　长鼻杆头球杆

如今，原本意义上的全木杆已很少见，但仍有专精此项手工的木杆生产存在。准确地说，柿木木杆的制造是19世纪90年代才开始的。高尔夫史学家认为，高尔夫球杆的制作始于15世纪和16世纪，因为人们找到了上述年代遗留下来的杆头碎块，地点是荷兰。大约在18世纪初，金属杆头球杆出现了（图6-5），并在以后取代了长鼻木杆，因为木质杆头再坚硬也不如铁制杆头坚硬。铁制杆头的球杆比较好处理特殊困难球位的球。在球杆的演变过程中，杆头不仅有材质的变化，而且有外形的变化。除了早期的长鼻杆头和短鼻杆头外，坚硬木质杆身的球杆还有杆趾为方形的笨重的大凹面杆头，也有圆形和椭圆形杆头（图6-6）。在1850年的一组球杆中，人们已经看到不仅有开球用的木杆和在球道上用的3号木杆，而且有推杆和几支铁杆。19世纪中叶，原先那种内装羽毛、由手工缝制而成的高尔夫球，已被用杜仲胶制作的高尔夫球所取代，它有足够的硬度来承受铁头球杆的撞击。1860年，球杆制造商学会了用美洲核桃木来制作球杆，这样的球杆既结实又有韧性。20世纪初，钢取代了核桃木。在钢中加入石墨可使钢的韧性提高，钢成为球杆生产中最常采用的原材料。

图6-5　金属杆头球杆

图6-6　特殊杆头球杆

由于高尔夫球运动要求在球场不同地点、不同情况下使用不同的球杆，因此球杆的性能与用途不同，杆身长短和杆面倾斜度各异。为了区别这些不同的球杆，人们索性将其编号。从 21 世纪相继发现和找到的古董球杆可以获知，在 18 世纪初到 19 世纪中叶的一百多年中，在苏格兰一些球场上打球的人一般有 8 至 12 支球杆，包括几支开球木杆、1 支球道用木杆、至少 3 支稍短的 3 号木杆、1 支 4 号木杆和 1 支 9 号木杆，以及 1 支木制推杆。木制推杆杆身较短，杆身与杆面角度更加竖直。早期的铁杆是经过工匠锻造打制而成的。到 20 世纪初，人们已经使用发球铁杆、劈起铁杆、沙坑铁杆和 5 号铁杆，连推杆也有铁杆。此外，早在 1895 年，使用铝材的推杆已被应用。为了增加铝质杆头的重量，杆头背部还被加上铅弹。后来，球杆制造者还在杆面上加上沟纹，以使推杆时产生加旋。

新材料与科技研究新成果不断推动球杆的改造与更新。20 世纪初，铁杆正式上市。1912 年，第一批无接缝铁杆在英格兰问世。到 20 世纪 20 年代，类别与样式结构已很齐全的铁杆开始在美国销售。尽管如此，直到 1929 年，铁杆的合法性才获得圣安德鲁斯皇家古典高尔夫球俱乐部承认。

钢材材质的优点无可置疑地使其在球杆制造业站稳脚跟，进而促使批量生产的高尔夫球工业形成。除了不锈钢材质外，20 世纪下半叶开发出了碳纤维及硼纤维等新材质。不锈钢价格不算高，弹性小，但扭力较好；碳纤维和硼纤维的特性正好与不锈钢相反，但重量较轻，外观质感也好，进而价值感也很突出。使用碳纤维和硼纤维材质生产的球杆重量较轻，更适合女性高尔夫球员和中年以上打球者使用。当然，越来越多的男球员也使用它们，因为可以将力道用在挥杆时的杆头上，从而达到增大击球距离的目的。

现在高尔夫球坛掀起了一股“钛合金热”，人们争相使用钛合金球杆。钛合金制成的球杆的稳定性和弹性俱佳，可以将小白球击得又直又远。钛合金杆的出现，使高尔夫球爱好者如获至宝，而高级职业选手也有了夺取比赛胜利的利器。

二、高尔夫球杆的构造及特点

高尔夫球杆由杆头、杆身和握把三部分组成，长度为 0.90～1.30 米。杆头是实际击球的部位。球杆上都标有不同的号码，往往号码越大，杆身越短，杆面倾角越大，击出的球飞行弹道越高，飞行距离越短。

球杆杆头形状必须简单，所有部分必须刚硬，结构自然并且实用。除推杆可以有特性相同且相对的两个面外，球杆杆头必须只有一个击球面（图 6-7）。

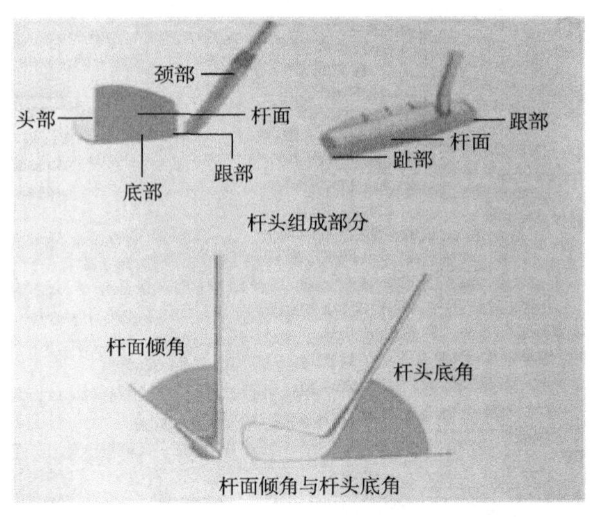

图 6-7　球杆的构造

根据球杆的不同用途，球杆被设计成不同的杆头形状和杆身长度，大致可分木杆、铁杆、铁木杆、挖起杆。

球杆的主要参考数据如表 6-1 所示。

表 6–1　球杆的主要参考数据

木杆	球杆名称	业余男选手距离（码）	球杆长度（寸）	杆面斜度	杆身斜度
1	Driver	200～250	43.5～47	9°～11.5°	55°
2	Brassie	190～220	43	12°	55.5°
3	Spoon	180～210	42.5	15°	56°
4	Baffy	170～200	42	18°	56.5°
5	Cleek	160～190	42.5	21°	57°
7	Heaven	150～170	41.5	24°	58°
8	Divine Nine	140～160	40.5	28°	59°
9	Ely Would	130～150	39.5	32°	60°
铁杆	球杆名称	业余男选手距离（码）	球杆长度（寸）	杆面斜度	杆身斜度
1	Driving Iron	190～210	39.5	16°	55°
2	Mid Iron	170～200	39	19°	56°
3	Mid Mashie	160～180	38.5	22°	57°
4	Mashie Iron	150～170	38	26°	58°
5	Mashie	140～160	37.5	30°	59°
6	Spade Mashie	130～150	37	34°	60°
7	Mashie Niblick	120～140	36.5	38°	61°
8	Ditching Niblick	110～130	36	42°	62°
9	Niblick	100～120	35.5	46°	63°
10	Pitching Wedge（PW）	110 以内	35.5	50°	64°
11	Sand Wedge（SW）	90 以内	35	55°	64°
12	Second Wedge	80 以内	35	54°～64°	64°
13	Chipper	50 以内	34.5	20°～35°	65°
14	Putter（推杆）	30 以内	多样化	3°～6°	多样化

注：

1. 女子球杆较男子球杆短 1 寸，距离短 30 码，杆身斜度多 1° 左右。
2. 职业男选手的铁杆每隔 1 号杆相距 15 码，业余男选手相距 10 码。
3. 1 寸 ≈3.33 厘米。

（一）木杆

木杆，一般杆头较大，杆身较长，主要用于发球或远距离击球。木杆杆头多以木头制造，故而得其名。早期的木杆是用红柿木制成的，木头遇水膨胀，球杆在雨天击球后都要进行保养；后来演变成使用不同的材质制造，如不锈钢、碳纤维、石墨、钛合金等，现代纳米高科技材质现在也有使用（图 6-8、图 6-9）。

图 6-8　高尔夫木杆（一）

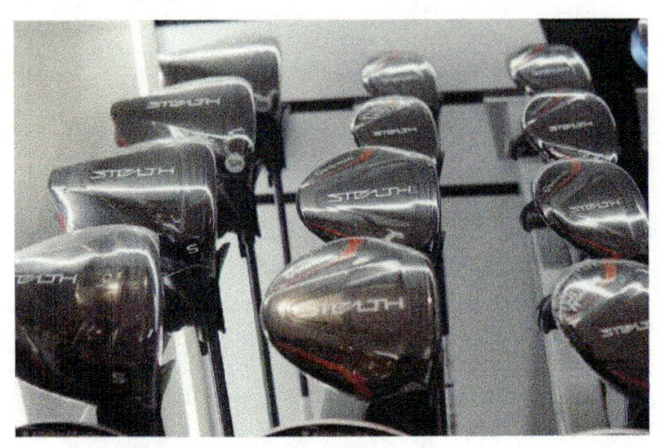

图 6-9　高尔夫木杆（二）

目前，最流行的球杆材质是钛合金。除了不需费时保养外，钛合金的反弹效果较强，击球距离较远。由于球场长度距离有限，因此对球员选用木杆反弹系数有一定的规格限制，如美国高尔夫球协会规定反弹系数不得大于 0.83。

根据杆身的长度和杆头面的角度，木杆分为 1 号、2 号、3 号、4 号、5 号。木杆又称为发球杆（Driver），一般在发球台上发球使用。其他木杆主要在球道使用，又统称为球道木（Fairway Wood）。

1 号木杆是能够将球打得最远的杆，原因在于它的长杆柄和低杆面倾角。1 号木杆通常有 43~45 英寸[①]长。越长的杆柄，越难将球准确定地打好，而一旦球被准确击出就能打出较远的距离。1 号木杆的杆面倾角一般为 6.5°~12°，较低的杆面倾角结合相应的击球速度可打出较低的球道和较高的速度，使球飞得更远。

除了 1 号木杆，在球道上所有的木杆都是直接从地面上击起的，而不能用球架把球架高。球道木杆（简称“球道木”）往往设计得小而重，倾角随着号数增大而逐渐增大，在短距离内就可飞上很高的高度。其中，3 号木杆杆身较短，杆面倾角较大，因此使用较多，主要在球道区使用，也可在发球区使用。在球道区，球员可根据不同的球场距离等情况采用不同号数的球道木。在长草区，球道木比长铁杆更易使用，因为其杆头底部圆滑，较易滑行，且其低重心杆头较易将球击起。

（二）铁杆

铁杆杆头比木杆薄、小，主要用于攻击特定目标，通常整套购买和使用。铁杆分长、中、短杆，长铁杆通常指的是 1 号、2 号和 3 号，4 号、5 号和 6 号为中铁杆，短铁杆则为 7 号、8 号和 9 号。近年来使用长铁杆的人越来越少，多数以球道木代替。目前一套标准铁杆包含 8 支杆，从 3 号到 9 号再加上挖起杆（PW），不含沙坑杆（SW）。有些成套铁杆含沙坑杆，但不含 3 号长铁杆，也是共有 8 支杆。当然也有些成套铁杆配有 1 号铁杆和 2 号铁杆，但业余球手较少使用。铁杆按杆头设计不同，可分为刀背式和凹背式两种。刀背式重心较高，较不容易打出杆头释放的感觉；而凹背式重心较低，有的甚至做到超低重心，底部较重，甜蜜点面积较大，因而较易击中球，也可打得高些。现在市面上凹背式铁杆比较多见（图 6-10、图 6-11）。

---

① 1 英寸≈2.54 厘米。

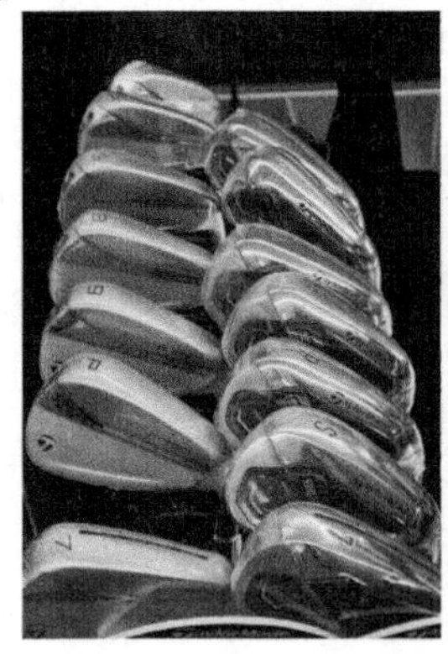

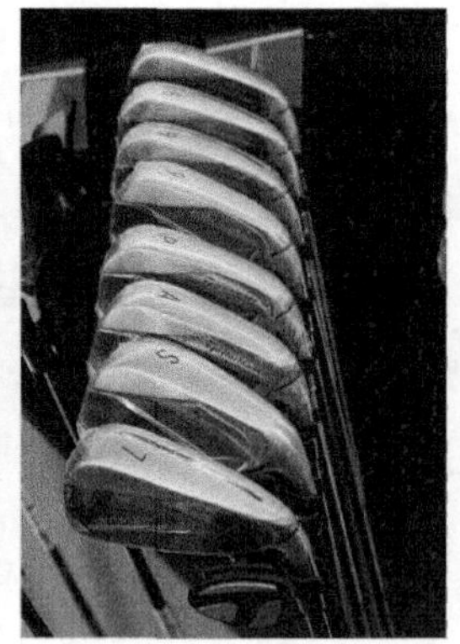

图 6-10　高尔夫铁杆（一）

图 6-11　高尔夫铁杆（二）

铁杆的特性是易于保持击球的方向和控制落点。铁杆的击球部位用软铁制造，其底部比木杆底部要小，也不像木杆那样厚。铁杆挥杆时较重，因此容易将草皮掀起。在球道上打球时主要靠使用长短不一的铁杆控制击球距离和高度。

（三）铁木杆

铁木杆（图 6-12），是结合长铁杆和球道木之特点而产生的球杆，所以铁木杆又叫混合杆（Hybrid）。铁木杆出现以前，球员采用长铁杆

（1号、2号和3号）处理相对较长的射程，但对大多数球员来说，使用长铁杆的难度较大。铁木杆的杆身采用了长铁杆的长度和球道木的杆头设计。此外，铁木杆采用了球道木的杆身，较轻、较软，易于挥杆，这也是众多女性球员喜欢它的原因之一。但是对水平较高的球员而言，铁木杆并没有吸引力，因为铁木杆虽能解决击球的长距离问题却在准确度方面不如长铁杆，所以大多职业球员没有选择铁木杆或者只选1支铁木杆，并同时保持使用长铁杆。

图6-12　高尔夫铁木杆

（四）挖起杆

根据杆头面角度的不同，挖起杆分为劈起杆、沙坑杆。现在较多的挖起杆按杆头面角度依次分为PW（48°）杆、GW（52°）杆、SW（56°）杆、LW（60°）杆和XL（64°）杆，即依次相差4°，基本上可以覆盖100米以内的不同射程。不同杆头面角度的挖起杆击球的高度和旋转程度不一样，射程和受风的影响程度也不同。

一套球杆一般都有两只标准挖起杆：楔形挖起杆（简称“P杆”）和沙坑挖起杆（简称“沙坑杆”或“S杆”）。P杆（图6-13）主要攻打

110 米的较长距离目标球。S 杆（图 6-14）主要用于果岭旁的沙坑和较短距离的击球，把球击高甚于击远，是较难控制的杆。

图 6-13　高尔夫挖起杆（P 杆）

图 6-14　高尔夫挖起杆（S 杆）

（五）推杆

推杆是球杆杆面倾角不超过 10°，用于果岭上推球入洞的专用球杆。当球打上果岭后或者离球洞较近、地面较平整时适合用推杆击球入洞。

除非一杆进洞或短切进洞，否则在球场上的每一洞都需要用到推杆。不是每个球员都能开出 300 码的球，但是只要有好的推杆技巧，也是可以有很好的成绩的。推杆可以说是所有球杆最重要的球杆之一，在一场球中，推杆数占总杆数的40%以上，因此，我们要对推杆的性能、种类、设计和功能进行全面了解。

推杆的形状千奇百怪，式样千变万化，但按杆头的形状划分不外乎两种：L形（图6-15）和D形（图6-16）。L形推杆的杆身连接于杆头底部，属于传统形状，击球时易偏离中心点。D形推杆的杆头底部较厚，大部分品牌D形推杆均有杆面平衡设计来增加推杆时的平稳度，且杆底较重，容易做出钟摆动作。这两种形状的推杆无所谓好坏，只要球员拿在手上感觉舒服顺手就可以。目前大多数球员喜欢L形推杆，因为它的形状较接近其他球杆，前缘和后缘是两条平行线，瞄球时更容易对准目标线；而D形推杆后缘几乎呈圆形，感觉上不如L形推杆好。

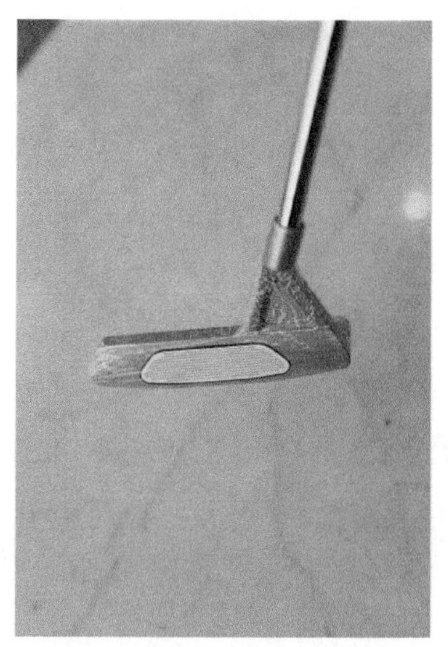

图6-15　高尔夫L形推杆

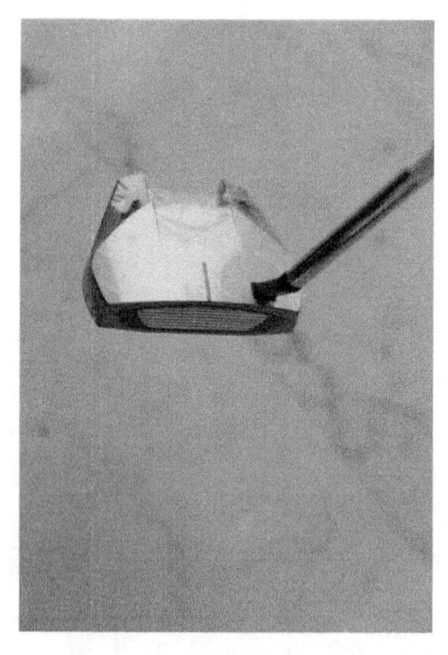

图6-16　高尔夫D形推杆

推杆的甜蜜点非常重要。每一支球杆的杆头都有一个甜蜜点，所谓甜蜜点，就是击球时击中了最实在、最扎实的地方而产生出一种甜蜜感觉的那一点。在推球的时候只要偏离甜蜜点半英寸（约1.27厘米），击出的球就会失去10%~15%的距离，球的方向也会有很大偏差。要想找到推杆的甜蜜点，方法很简单，用拇指和食指轻轻地捏住推杆握把末端，将推杆提起来，轻轻地吊在那儿，可以很自然地来回摆动。另外一只手握着球座，用球座的尖端轻轻敲击杆头的打击面。当敲到杆头趾部和根部时，它就往内或住外扭动，待敲到靠近甜蜜点时这种扭动的情形就渐渐减轻以致消失。这样在打击面上来回敲几次之后，就可以在打击面上找到一小块地方(大约是半英寸至一英寸之间，即1.27~2.54厘米)，无论你怎么敲，它只能使杆头向后摆动不会左右扭动，这样的一小块地方就是推杆的甜蜜点。

力量大的人用重推杆，女性和轻柔型男子用轻推杆；在速度快的果岭上用轻质推杆，在速度慢的果岭上阻力大、球滚得慢，要用重推杆。相对来说，重一点的推杆比轻一点的推杆好，因为推球时可用杆头自身的力量将球击出，距离容易控制，方向也不会偏差太大。如果推杆太轻，必须刻意加力，会使杆面内扣或打开，距离也很难掌握准。

通常认为身材高的人应用长推杆，身材矮的人应用短推杆。其实不然，因为球杆的长度是由手到地面的距离决定的。推杆的长短全凭个人习惯和需要来决定，有些人喜欢弯腰很深来推球，所以应用短推杆；有些人喜欢微微弯腰，所以应用长一点的推杆。

一支推杆的长度合适之后，就要检查一下这支推杆的触地角是否合适。依照你自己弯腰、瞄球的习惯来回摆动这支推杆，杆头下缘应平行于果岭，甜蜜点下方应轻触地面。如果杆头前端触地或跟部触地，说明这支推杆不适合使用。如果触地角太小，而你勉强去将就它，不知不觉地就会站得离球太远，瞄球就会失去准确性；反之，这个角度太大，推杆就直了起来，而靠身体太近瞄球时，眼光会落在球的外边。

第二节　高尔夫球

一、材料

高尔夫球是用橡胶制成的实心球，球的表面包一层胶皮线，涂上一层白漆。球的直径有 42.67 毫米，重 46 克。高尔夫球从结构上可以分为单层球、双层球、三层球、多壳球，从硬度上可以分为硬度 90~105、硬度 80~90、硬度 70 三种。

二、外形

高尔夫球表面有意制造了许多凹痕。高尔夫球的形状是空气动力学研究的成果之一。这与球体绕流（即绕球体的流动）的湍流转捩及流动分离（即流线离开球的表面）现象有关。

光滑球体绕流时，湍流转捩发生得晚，与湍流对应的规则流动称为层流。层流边界层较易发生流动分离现象，球体迎面形成高压区，背面形成较大的低压区，产生很大的阻力（压差阻力），使球飞行的距离很短。而球体表面有凹痕时，凹痕促使湍流转捩发生，湍流边界层不易发生流动分离现象，从而使球体背后的低压区小，减少了阻力，使球飞行的距离增大。湍流的摩阻比层流要大，但与形阻相比，起的作用很小，总的阻力还是变小了。高尔夫球表面的小突起也能起到促使流动分离的作用，但突起对流动的干扰有些难以控制，会造成一些侧向力（也可以叫升力）。球体规则绕流是没有升力的，旋转会产生升力，合适的升阻比会使球飞行距离增大，不同的旋转方向会造成“香蕉球”的效果。

三、解剖结构

高尔夫球的解剖结构如图 6-17 所示。

图 6-17　高尔夫球的解剖结构

图 6-18　高尔夫球鞋

常右手型选手戴在左手上，左手型选手戴在右手上，而女球员一般左右手都戴（图 6-19、图 6-20）。

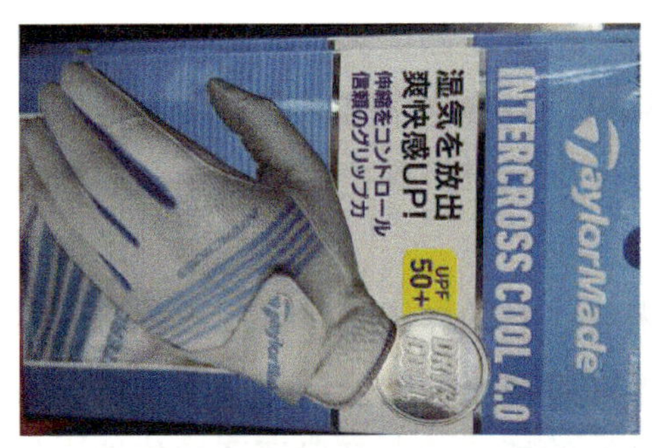

图 6-19　高尔夫手套（一）

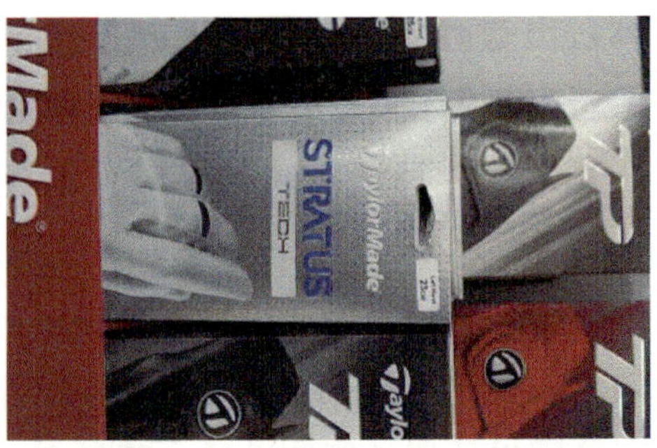

图 6-20　高尔夫手套（二）

高尔夫手套的材质基本上分三类：真皮、PU 材料、布类。其中，真皮又分为绵羊皮、山羊皮和其他皮。实际中可能同时使用几种材料。

真皮手套的手感好，可以提供最佳的握杆击球感觉，是高手的选择，缺点是易损耗、难打理，而且价格昂贵。PU 材料手套的优点是价格便宜，但透气性和质感稍差。但一些高档 PU 材料具有真皮的部分性能，它们的柔软性和手感都非常好，部分专利产品的透气性也相当高，甚至可以透过水蒸气，当然这些产品的价格也直逼真皮类手套。无纺布（超细纤维料）

和超纤布的手套是最耐打的，一般价格介于前两种手套之间，缺点是穿戴时间长了会变形。

三、高尔夫服装

高尔夫球运动不仅是一项体育运动，而且是一种高雅的社交活动。既然是绅士运动，就要有绅士的形象。打高尔夫球对着装有特别的规定，这是长期历史发展沿袭下来的高尔夫文化的一部分。

早期的球员打球要穿燕尾服，着长筒靴。随着社会的发展，服饰规定就没有那么严格了。通常的高尔夫服装分为上衣和裤子两部分。上衣是长袖或短袖的运动衫款式，裤子（不论长裤或短裤）是纯棉或纯毛的西裤或便装裤。圆领汗衫、吊带背心、牛仔系列服装、超短裙、过短短裤等过于休闲的服装不允许穿上场。总之，穿着要舒适得体，整洁干净。衣服应宽松，使身体能充分舒展，同时衣料质地应柔软，吸汗能力强（图 6-21）。

图 6-21　高尔夫服装

四、高尔夫球座

Tee 这个词在高尔夫球运动当中有两个意思：一是发球时球道开始的草皮略微突起部分，即发球区或者发球台；二是指用木头或塑料制成的梢子状的球座，发球时先将它插进地面，以便将球放在上面来发球。由于球洞的长度不同，开球的球杆也不相同，使用的球座也分长短，在下场打球或比赛时球座要带充足（图 6-22）。

图 6-22　高尔夫球座

五、高尔夫标记

高尔夫规则规定，当球打上果岭后，可以把球拿起来擦拭。为了记住球的位置，在拿起球前，需要在球的后面做上标记。到打球时，再把球放回原处，把标记拿起。标记一般用塑料制成，为图钉状（图 6-23）。

图 6-23　高尔夫标记

六、高尔夫果岭修钗

修钗是修理果岭的工具。由高处落在果岭上的球有时会在果岭上砸出一个小坑，或者穿钉鞋不小心划坏果岭等，都会使果岭遭到损坏。打高尔夫球时发现了以上现象，应立即主动用修钗进行修理。爱护场地是每一名球员的职责，打高尔夫球一定要备有修钗（图 6-24）。

图 6-24　高尔夫果岭修钗

七、高尔夫球包

球包分为支架包、枪包、航空包、车载包、专业包等。球包除了是收纳球杆的容器，还是塑造自我个性的工具。对于球包的选择在某种程度上也凸显了球员的品位，是精神层面上的一大突破。

作为高尔夫球装备，球包不仅有审美价值，而且为球员提供了极大的方便，使其除了具备收纳性，还能保护球杆，容纳琐碎装备（图 6-25）。

八、高尔夫衣物包

高尔夫衣物包主要用来装换洗衣物以及高尔夫球鞋。此外，它还可以作为旅行时收纳随身携带的衣物、日常用品等的装备。其材质多样，包括皮、革、尼龙等，其外形也可彰显使用者的个性和品位（图 6-26）。

（二）手柄

高尔夫伞的手柄目前常用的有 EVA 直手柄、塑胶手柄、塑胶喷橡胶漆手柄、木手柄、塑胶包铁手柄、镀钛铁手柄等。

（三）伞骨

高尔夫伞早些年还是基本采用铁槽骨，甚至双槽骨，太笨重。现在流行的高尔夫伞伞骨以纤维骨为主，质量轻，不易折断。也有采用短铁槽骨、长纤维骨的混合做法。

（四）常用规格

25 寸的直杆伞就可以称为高尔夫伞。较常用的规格有 27 寸×8 K、30 寸×8 K、34 寸×8 K，还有 16 K/24 K 的。其中，K 是指伞骨的根数，8 K 就是 8 根伞骨。

十一、高尔夫捞球器

高尔夫捞球器是一端带有铲子的长杆，用来从积水区和其他区域收集高尔夫球（图 6-29）。

图 6-29　高尔夫捞球器

第四节　高尔夫球具的选择

对于高尔夫球运动的爱好者和参与者，在经历了初期的学习和了解后，准备选择球具或更换球具时要考虑到一些相关因素和球具的技术要求。

一、标准的球杆组合

通常，一套完整的高尔夫球杆由以下各类球杆组成：

- 1 号和 3 号木杆。
- 5 号木杆、7 号木杆、2 号铁木杆和 3 号铁木杆中选择两个。
- 中铁杆：4 号、5 号、6 号铁杆。
- 短铁杆：7 号、8 号、9 号铁杆。
- 挖起杆：P（Pitching）杆、G（Gap）杆、S（Sand）杆、L（Lob）杆中的三个组合。
- 一个推杆。

二、高尔夫球杆的配置

虽说高尔夫球挥杆技术是无可替代的，但是对高尔夫球新手来说，选择适合自己个人特点的高尔夫球杆，能够使高尔夫球运动更加轻松和容易，对差点较大的高尔夫球员来讲更是如此。

（一）铁杆的选择

应选择重力集中在杆头周围的凹背式的铁杆杆头。对杆身较短的铁杆，如 8 号铁杆、9 号铁杆、P 杆和 S 杆，尽量选择钢质杆身；对较长的铁杆，如 5 号、6 号和 7 号铁杆，应选择较硬的碳素杆；对更长的铁杆，如 3 号和 4 号铁杆，建议选用铁木杆来代替。

（二）1 号木杆的选择

尽量选择杆头面倾斜角较大、重量较轻、重心较低的杆头，选择硬度较小的碳素杆身。高尔夫球初学者不要关注或参考高尔夫球职业球员的 1 号木杆，因为职业球员的挥杆技术较难模仿和掌握。

（三）挖起杆的选择

挖起杆主要包括 P（Pitching）杆、G（Gap）杆、S（Sand）杆和 L（Lob）杆，因为短杆是减少杆数的主要球杆，通常被称为分数杆。如果高尔夫球员要在自己的球包里保留所有四个挖起杆，那么他必须从球道木或长铁杆的组合中减掉某根球杆。如果选择四个挖起杆中的三个，就要根据自己的练习情况，选用挖起杆的球面和角度，使三个球杆的击球范围能够覆盖可能的距离。

（四）杆头面倾斜度的选择

杆头面倾斜度是指杆头击球面与杆身间的角度。1 号木杆的杆头面倾斜度是 9~12°，是最能打出距离的倾斜度，以下每大一号即增加 3°~4°，倾斜度逐渐增大，形成打高球、短距离的球杆，最后的沙坑杆和挖起杆倾斜度在 54°~62°。在选择木杆时，应在自己能确实将球打起的范围内挑选杆头斜度少的球杆；选择铁杆时，则应依各杆击球距离，选择自己最易掌握及进攻的杆头倾斜度，杆头倾斜度越大，越能将球打高。挖起杆（Wedge）为球具里非常重要的一员，是降低击球杆数的最佳球杆，包括 PW（48°）杆、GW（52°）杆、SW（56°）杆和 LW（60°）杆，要根据自己的短杆技术掌握程度和感觉做出选择。

三、高尔夫球杆杆身的选择

在选择高尔夫球杆时，高尔夫球新手或初学者应该了解球杆杆身的基本要素，包括杆身材质和杆身的硬度。杆身的材质主要有碳素和钢材两种。碳素杆在重量方面较轻，而且帮助产生更快的挥杆速度，而钢质的杆身则有助于击球稳定。就高尔夫球杆杆身的硬度而言，一般来说，身体较弱的女子和年长者应选择硬度小的杆身，身体素质较好的应选择硬度较大的杆身。在杆身硬度的选择方面，可以用以下方法来检测自己所选择的杆身是否合适。

如果说球员使用 1 号开球木杆的开球距离在 195~225 码的范围内，应选择杆身硬度为 R（Regular，标准）的杆身，此标准杆身适用于多数球员。

开球距离在 225~250 码的球员，可以选择硬度为 F（Firm，稍硬）的杆身。

开球距离在 250~275 码的球员，可以采用硬度为 S（Stiff，较硬）的杆身。

开球超过 275 码的球员，可以考虑选择最硬的 X-S（Extra-Stiff）杆身。

四、高尔夫球杆的保养和维修

选择自己适合的球具会使自己的成绩提高，更能体会高尔夫球运动带来的乐趣，但适合、喜爱的球具并不能经常替换，这就需要球员在使用后对自己的球具进行保养和定期的维修。

（一）杆头的日常保养

高尔夫球杆杆面在使用后会积累一定的污垢，可用湿布或海绵蘸水进行擦拭。杆面的凹槽经过清洗能够保证击球时杆面与球的良好接触并增大球的自旋。高尔夫球杆杆头在使用过程中会出现不同程度的磨损，这种磨损也和球员的技术水平、使用方法有一定关系。对高尔夫球杆进行日常保养能确保球杆随时处于精良状态。以下是杆头各部分磨损的原因及一般保养办法。

杆面磨损可能由多种原因引起。杆面中心磨损严重，说明经常击球。杆头跟部和趾部有问题，要了解是球员挥杆动作有问题还是球杆装配有问题，并分别做相应的校正和测试。趾部磨损，说明杆身过短，或者球员站位离球太远；跟部磨损，说明了相反的问题。杆底磨损，可以揭示落地角或者挥杆的问题。正常情况下，磨损应该发生在杆底中部，即甜蜜点下方。磨损若是发生在跟部，说明落地角太大或者握杆的位置太高，用跟部击球容易导致左曲球；反之，磨损若是发生在趾部，说明落地角太小或者握杆的位置太低，挥杆太陡，用趾部击球容易导致右曲球。如有这些问题，最好向专业人士咨询，校正球杆或者击球姿势。

杆面倾角和落地角的维护：评估球杆性能最重要的技术参数是落地角和杆面倾角。合适的落地角有助于持续挥杆，哪怕落地角只有一度之差都会导致击球偏右或者偏左。杆面倾角同样重要，常见的是每套球杆中各支球杆的杆面倾角差距为 3°~5°。例如，5 号铁杆杆面倾角偏小，而 6 号铁杆杆面倾角偏大，击球的距离通常就不一样。球杆击球碰到树根、硬草皮或者其他坚硬的东西时均能影响落地角和杆面倾角。为此，建议球员每年检查这两项参数。由于技术性较强，建议拿到维修店检查。

（二）握把的日常保养

清洗握把可以增强触感和握杆的稳固性。应随时检查球杆是否干净、损坏，以保证其处于良好状态。

维护握把最简单的办法是在每次使用后仔细清洗。清洗方法很简单，用水、肥皂、刷子或者海绵把凹槽内的污渍彻底清除，然后风干或者用毛巾将水去除。清洗后，球杆的性能和接触感均增强了。除了日常维护外，球员还应学会正确评估自己的握把状态。触感脆而干的握把，性能就会下降许多，且握把上的握痕不利于保持良好的握杆状态。建议球员每年更换握把一次，根据自己的用杆特点选择适合的型号，可让技术娴熟的技术人员帮助更换。要选择适合自己的尺寸和型号。例如，有关节炎或者手掌很大的球员，建议选择大一些的号。另外，握把的重量也很重要，可供选择的握把通常在 38~64 克。握把太轻或者太重均会影响挥杆重量、平衡性和触感。

（三）杆身的日常保养

杆身在搬运途中，或在击打硬草皮、树根、沙坑过程中，均容易受损，因此，球员应该经常检查杆身是否有弯曲或者其他损伤。杆身破裂不但可能伤害到球员自己，还可能伤害到同伴、球童等人。检查杆身的办法是，将球杆平放在工作台或者桌子上，观察其是否平直。此外还应经常检查杆颈的金属箍，因为这是一个容易产生磨损的部位。一旦发现金属箍和杆头有脱离的迹象，应及时进行修补。必要时球员也可以考虑更换杆身，以改善球杆的性能，增加其稳定性，提高击球精确性和增加击球距离。

第七章 特殊状况下的击球与处理

一场高尔夫球比赛的击球几乎不可能每一杆都是在正常状态下进行的，造成这种状况的原因主要是球场设计师的有意为之和一些突发情况。当然，天气状况也为球员提供了接受考验的机会。

第一节　特殊状况下的击球原则

伍兹说：“如果你玩这项运动足够久的话，最终你会要面对某种逆境。当比赛变得残酷并且开始对你显露出它丑陋的一面时，你应对这些困难时刻的方式就决定了你作为一个竞争参与者是个什么样的人。”

一、面对困难的心态

高尔夫球运动在很大程度上是考验球员心智的，积极、正确面对困难的心态就是良好心智的表现。首先，球员应该认识到造成困难的是你自己，这个时候不能怨天尤人，否则会把自己带入焦虑甚至是崩溃的境地。其次，球员应该知道既然面临困难就要正确地接受，此时最重要的是思考如何安全脱困，坚决避免让困难变得更困难。再次，球员应该清楚解决困难可能需要付出一定的代价，损失半杆甚至一杆都是正常的，要弥补这些损失就应该积极做好此后的自己。

不想面对困难，就必须在行动之前做好自己；困难出现之后，更需要做好积极、正确处理完困难之后的自己。

二、对于困难的仔细思考

既然是困难状况，那么它一定比常规状况需要球员花更多的时间仔细观察、评价和思考。首先，球员来到球位前仔细观察球位的困难状况，包括大概可以脱困的几个方向等，以大概确定自己即将采取的解救的最安全的方案。其次，观察和计算困难球位到目标的状况，考虑是否存在其他的危险，进一步思考尽量减少损失的第二套方案。再次，客观地评估自己的能力和击球的概率。最后，确定既能够让自己顺利脱困，又能够尽量减少损失的最优方案。

三、坚决执行

高尔夫球运动是一项智商和情商极高的项目。在经过深思熟虑后，执行的效果就是对决策的回报，因而执行的过程更应认真而坚决。首先，球员应该在不破坏球位环境的前提下多进行试挥，以便自己能够适应此时的击球环境、所需要的挥杆幅度和节奏，甚至可以多换换球杆进行试挥。其次，做到极为专注，尽可能准确地完成试挥的动作，坚决不去想象击球的效果。最后，完成击球前的检查工作并摆好击球前的准备姿势，此时上半身一定要保持相对放松的状态，下半身保持绝对的稳定，握杆的力量一定要适度。

从身处困境到面对困境调整心态以及观察、评价、思考最后到执行，就充分展现了作为一个竞争参与者的你是一个什么样的人。

第二节　球场设计的困难球位击球

从发球台到果岭和球洞间为球道区，其宽度最小为 30 码，一般为 40~50 码，植以剪短的草皮。长草区位于球道区的两侧以及发球台前面及果岭后方，草的长度比球道区长一倍以上，球一旦落入此区域，非常难找且不容易将球打出。杂草区设于长草区的外侧。一般球场范围内除了上述各区域外还有自然草丛或树林等，在这些区域出球有较大难度。球场设计师还在场地内精心设置了沙坑、水塘、小溪等千变万化的障碍区，不仅丰富了场地的景观，而且使比赛的过程扑朔迷离，也使球员间的对抗更具挑战性和趣味性。

“救球”是对球员处理困难球位的俗称，它是在一场比赛中发挥挥杆技术的重要组成部分，更是检验球员基本功是否扎实、心智是否完善的重要环节。

一、斜坡击球

斜坡球位：站位时两脚不在一个水平面内属于斜坡，左脚高右脚低是上坡，反之是下坡。为了保持身体平衡，应尽可能地用肩膀带动双臂挥杆，以减少身体的旋转。

（一）上坡球位（图 7-1）

图 7-1　上坡球位

注意事项如下：

（1）站位时左脚高，右脚低。保持肩膀和臀部与地势平行，身体以脊柱为中心线与斜坡垂直。这样就必定造成身体重心更多地压在右脚上，球位随坡度大小适当左移（前移）。

（2）由于向上的斜坡会增加击球时的杆面角度，又因为球位前移，所以会产生较高的弹道，击球的飞行距离会变短，落地后滚动的距离也会变短。因此，应选择杆号大一两号的球杆。例如，平地击球使用 7 号铁杆，在上坡击球时就要选择 6 号或者 5 号铁杆。

（3）上坡球位时，相对正常击球时杆面会朝上偏左（即杆面关闭），

故瞄球时身体指向目标的右侧

（4）在击球时，挥杆动作不宜过大。上杆做 3/4 挥杆即可，送杆动作要简捷，收杆动作可以忽略。要感觉是顺着坡度向上挥杆，像是将球扫出去一样。

（二）下坡球位（图 7-2）

图 7-2　下坡球位

注意事项如下：

（1）站位时右脚在上，左脚在下。保持肩膀和臀部与地势平行，身体以脊柱为中心线与斜坡垂直。这样就一定会造成重心更多地压在左脚，球位随坡度大小适当右移（后移）。

（2）由于向下的斜坡会减小击球时的杆面角度，又因为球位后移，所以会产生较低的弹道，落地后滚动的距离变长。因此，应选择杆号小一两号的球杆。例如，平地击球使用 7 号铁杆，在下坡击球时就要选择 8 号或者 9 号铁杆。

（3）下坡球位时，击球时杆面会偏右（即杆面开放），故瞄球时身体指向目标的左侧。

（4）挥杆击球时，要顺坡势引杆，上杆动作要小，做 3/4 的送杆动作。为了把球击出高度，需要尽力把球向下打，要感觉球杆追着球向坡下运动。

二、侧坡击球

侧坡球位是指球的位置高于双脚（球高脚低）或球的位置低于双脚（脚高球低）的球位。在这种情况下，由于击球瞬间球杆的停止角（Lie 角）会随坡度发生变化，击出的球会飞向斜坡较低的一侧。

（一）球高脚低（图 7-3）

注意事项如下：

（1）球的位置高于双脚。站姿比正常时挺拔一些，重心在前脚掌，以抵消坡面对站位平衡的影响。

（2）身体与球的距离近。握杆时尽量接近握把前端。向下握杆的距离随坡度而定，坡度越大握杆越短。这在选杆时要予以注意，一般应选择小一号的球杆。

图 7-3　球高脚低

（3）站姿直挺，挥杆平面相应扁平，容易形成由内而外的挥杆路径，同时球高脚低击球时杆面会偏左，瞄球时身体指向目标的右侧。

（4）挥杆时以手臂和肩膀为主，在保持身体平衡的前提下完成挥杆。

（二）脚高球低（图 7-4）

注意事项如下：

（1）球的位置低于双脚。两脚距离加宽，膝关节比处于正常球位时弯曲，重心在靠近脚跟的位置。

（2）身体与球的距离变远，握杆时要尽量接近握把顶端。这个时候需要选择大一号的球杆。

（3）此时挥杆平面比平地击球时陡峭，容易形成由外而内的挥杆路径，同时球的高度相对降低，容易导致球离球员的身体较远，进而容易形成偏向右侧的飞行轨迹，所以瞄准时应偏向目标左侧。

（4）由于身体重心较正常球位低，挥杆时要保持重心的高度和身体的平衡，所以挥杆时以手臂和肩膀为主，减少下肢的蹬转。上杆要陡一些，做 3/4 挥杆，送杆、收杆动作要简捷，击球后右脚不能离开地面。

图 7-4　脚高球低

三、轻度粗糙区和重度粗糙区（长草区击球）

轻度粗糙区和重度粗糙区（长草区击球）设置在球道、果岭、发球区或其他障碍区附近。球落入轻度粗糙区和重度粗糙区说明球已脱离了正确路线，所以在此时击球的第一要务是将球救上球道或直接攻上果岭。出于临场策略的需要，即便是顶尖高手在击球过程中都无法避免在粗草或长草中击球。

（一）轻度粗糙区击球（图 7-5）

注意事项如下：

（1）规则上，因草的修剪程度不同而将粗草区分为第一粗草区、第二粗草区等。

（2）球位埋得较深时，使用杆面斜度较大的球杆将球救回球道或直接攻上果岭。

（3）球位后移，身体重心的 60%放在左脚上。用陡峭的角度上杆，以减少击球瞬间被草缠住而产生的失误。

（4）杆面适当打开，以避免因击球瞬间草对杆头根部的阻挠而引起杆面关闭。

（5）树立信心，毫不犹豫地击球。

图 7-5　轻度粗糙区击球

（二）长草区击球（图 7-6）

图 7-6　长草区击球

注意事项如下：

（1）长草是未经过修剪的草。

（2）首要策略是正确选杆，可以选用杆面倾角较大的木杆或铁杆，长铁杆最不适宜在长草区里击球，应该选择 6 号铁杆或者更短一点的铁杆。较大的倾角有利于将球救出，送回到球道或攻上果岭。

（3）为获得较好的控制力，握杆应靠近握把的末端。草越长，杆头被草缠绕的可能性就越大，使得杆面在击球时关闭，所以要选择杆面倾角较大的球杆并配合杆面开放击球。

（4）站位的策略在此时尤为重要：站位靠后，人与球之间距离加大，球杆被草缠绕的概率增加；站位靠前，则挥杆平面过于陡峭。由于球是陷入长草之中，正常挥杆杆头无法扎实击球，采用相对陡峭的挥杆平面向下击球是行之有效的“救球”策略。如果选用较长的球杆，站位时双脚左移，让球位在双脚中心线的右侧；如果选用较短的球杆，球位应该在正中间。

（5）方正站位和杆面开放，重心向前，球位靠后，陡峭上杆，上杆幅度是正常挥杆的3/4，向下击球，收杆只有正常挥杆的一半即可。

（三）悬浮球

悬浮球是指球处于长草中的顶部，没有接触到地面。此时，最有可能碰到的情况是杆头从球的下方通过，杆面上部触击球（俗称“没能击实”）甚至击不到球。

注意事项如下：

（1）在球附近用球杆探测球离地面的高度，以便准备击球时确定杆头的悬浮高度。此时，一定要注意探测点与球位的距离，避免使球发生移动而受罚。

（2）双脚站位应适当窄一点，握杆稍微短一些，球位较为靠近左脚一侧，这样更容易形成杆头通过挥杆底点后向上瞬间的“扫击”动作。在挥杆时，想象着把球从顶部的位置扫出去，不应该向下击打，下肢蹬转动作也不宜过于充分。

（四）最困难的长草区击球——果岭边陡下坡位

在果岭边经常会有比较陡的下坡长草区，球处于这种状况下，即使对于高水平的职业球员而言也是非常头疼的。困难主要在于：一是几乎无法正常站位；二是挥杆力量非常难控制。所以，建议在这种球位击球时以将球安全击上果岭为第一原则。

注意事项如下：

（1）加大双脚间的距离，右膝外翻。采取开放式站位，左脚尖指向目标左侧，球位放在更右侧，身体和球的距离比正常位小。身体重心完全由左脚支撑，保持肩与陡坡面平行，脊柱与陡坡面垂直。

（2）选择大角度挖起杆，完全打开杆面，为了控制好球杆应适当握短球杆。

（3）提前翻转手腕，以肩的转动和手腕的翻转为主导，尽量避免下肢的蹬转动作。

（4）采用由外而内的挥杆路径，延长杆面与球接触的时间，以更为陡峭的下杆轨迹打出更多倒旋的高抛球。

四、树林障碍

平坦球道两旁绿意盎然的树林使得球场显得那么和谐宜人，而一旦失误将球击入其中，球员就不再会像先前那么轻松愉快了。球被击入树林，在树林障碍技术上要求球员会打出左曲球、右曲球、高飞球和低飞球，有时还可能需要使用左手击球。制定临场策略的步骤是：观察情况，选择球路和打法，然后加以实施。

（一）树下救球（图 7–7）

图 7–7　树下救球

1. 低弹道救球

注意事项如下：

（1）当球正好停在树下时，在正常站位的情况下，采用打低飞球的打法，压低弹道击球，使得球可以从树丛中顺利穿过。

（2）选用杆面角度小的球杆。

（3）正常站位，挥杆幅度控制在不碰到树枝为限。

（4）击球瞬间，身体略向左倾，球位略微靠后（偏右脚），减小击球瞬间杆面的角度，压低弹道。

（5）送杆很低而且比较短。

（6）不要因为急于看击球效果而过早抬头。

（7）在不能正常站位的情况下（以右手球员为例），面对球道方向，球在树的右侧时，原则上只要将球击回球道即可（图 7-8）。

图 7-8　反手球

（8）右手单握球杆，靠近握把后端，感觉能够控制球杆。

（9）深呼吸，放松，消除紧张感。

（10）小挥杆，以平浅的角度击出低飞球。

2. 曲线球救球

要观察从球位到目标路径的状况，如果树与树之间的间隙足够宽，目标线上的树与球和目标有足够的允许球发生旋转效应的距离，这个时候就可以采用左曲球或者右曲球的打法。这样更容易接近目标，减少可能的损失。

3. 树下救球

注意事项如下：

（1）受空间的影响，不能采用全挥杆的方式击球，可以在击球前做几次试挥杆来决定上杆幅度的大小。

（2）规则规定，练习挥杆时不能碰落树叶或树枝，否则将以试图改善环境罚杆。

（3）保持正确站姿，头部不要随球移动，尤其避免在进入触球区域就开始抬头看击球效果。

（二）飞越树顶（图 7–9）

当球位与果岭之间被树林阻隔时，首先要判断球位到树林的距离和树林到果岭的距离。

图 7–9　飞越树顶

注意事项如下：

（1）选择杆面角度适当的球杆。球位与树木间的距离不影响正常站位时，使用 9 号铁杆或劈起杆；如果树木很高，可以使用沙坑杆。

（2）双脚略靠近，膝关节向前微屈，重心在左半边，头部保持在球位之后。

(3) 击球瞬间到送杆，保持左手腕角度不变。

(4) 右臂和肩部放松，挥杆速度比平时更慢、更柔和。

五、水障碍

多数球场的水障碍是由人工搭建而成的，能救球的机会不多，尤其在球完全没于水中时。如果球位附近的地形能够让球员站住站稳，而且没有石头、树枝等妨碍球员身体或球杆的运动，一般球员是不肯放弃而要一试身手的。击球准备时也不能碰及水面，否则罚分。

注意事项如下：

(1) 保证站姿和杆面的方正。

(2) 从球后 5 厘米处下杆。

(3) 击球和送杆时，保持双手在杆头前面。

六、秃球位

在冬季和早春或球场管理不善、草皮生长状况不好时，没有草的裸露地面称为秃球位。打这种球位的球更是对球员打准球、打实球的考验。

注意事项如下：

(1) 选用劈起杆或更长的杆，打出低飞球或滚地球。

(2) 从站位到击球瞬间，双手都要在球的前面，挥杆时保持头部与身体不摆动，形成稍微陡峭的挥杆平面，防止在触球前先击打地面。

(3) 坚信自己的挥杆能力，认真做好击球前的各项准备工作，放松，专注于挥杆击球。

第三节　之前球员留下的考验

在球道中，遍布着很多打痕，很有可能遇到球恰好落入别人打痕中的状况。当然，如果打痕不是特别深，还是很好处理的。如果打痕是覆过沙的，就更加容易处理了。还有一种状况需要我们特别仔细地去处理，否则我们自己会觉得很无辜，那就是果岭上的球痕。

一、裸露打痕中的球（图 7-10）

注意事项如下：

（1）让球位更靠近右脚，双手前移，这样才能以非常陡峭的角度把球从打痕中击出。

（2）在上杆时要尽早地屈腕，以形成陡峭的上杆，并用力向下击打，想象着把球压进更深的地面。

（3）需要注意的是，球的飞行弹道很低并且滚动较远。因此，需要注意球杆的选择，角度大一些的球杆更为合适。

图 7-10　裸露打痕中的球

二、沙洞球

这部分我们可以分享伍兹的经验：草地上的沙洞实际上就是个微型的球道沙坑，这种球的打法和球道沙坑球的打法应该是一样的。

注意事项如下：

（1）将球放在比平时稍微靠后一些的站位后方，这样能帮助球员首先打到球，这对这种球来说是至关重要的。

（2）瞄准时站得稍微高点，这样就可以将球从沙中救出来。

（3）上杆比平时更陡些，这也会帮助球员先打到球，然后才是沙子。

（4）为了能打出距离来，需要选择一支比平时长一号的球杆，这样挥杆会更容易一些，也更容易保持平衡。

（5）主要用手臂挥杆，保持下半身不动，向前送杆时需要试着想象将沙洞延长。

三、果岭上的球痕

果岭本是一块经过精心修正好的草坪，但是球员进攻果岭时经常会留下球痕，尽管球员会对球痕进行修补，它们还是有可能会对球员的推击路线造成一定的影响。

注意事项如下：

（1）仔细阅读果岭，检查在自己的推击路线上是否有球痕，也包括树叶、沙石等杂物。

（2）重新修补推击路线上的球痕，清理掉杂物，确定推击路线的平顺。这些操作不仅能增强推杆的信心，而且能调整推杆的节奏。

第四节　特殊天气状况下的击球

高尔夫球比赛大多数情况下不会受天气的影响而停止比赛，无论是酷暑还是大风、雨雪，只要场地允许，比如没有太厚、太深的积雪和积水，没有雷电或者暴雨，比赛都将正常进行。所以，球员与特殊天气的抗争也是高尔夫球运动竞技的一个方面。

一、在酷暑中保持凉爽

高尔夫球比赛经常会在酷暑中进行，太高的气温对球员的体力和精神都是一种考验。这种状况下尽量保持凉爽的感觉，不仅有利于保持相对清醒的头脑和平和的心态，而且有利于保持固有的挥杆节奏和效果。

注意事项如下：

（1）尽可能穿浅色衣服。

（2）为避免脱水，应尽量多喝水。

（3）适当吃水果（苹果和香蕉）或水果棒来使体内的钾处于高水平，吃比较容易消化的能量棒也是很好的选择。

（4）打湿毛巾的一头作为降温的工具，另一头保持干燥用以擦干手上和握把上的汗。

（5）戴上帽子，以避免阳光对头的直晒。

（6）多带几只手套，在有必要的时候及时更换。

（7）在击球之前的走动尽量慢一些，以节省能量。

（8）将注意力集中在自己所能控制的方面，比如自己的下一次击球，而不是那些自己所无法控制的方面，比如炎热。

二、在严寒中保持身体机能

不像其他比赛，高尔夫球比赛有时要在极端严寒的天气下进行，此时保持体温甚至比击球更为重要。

注意事项如下：

（1）穿能够帮助保持身体热量的丝质内衣。

（2）外套应该比较轻，而不宜穿厚重的皮大衣之类的外套。

（3）因为身体的大部分热量都是从头部流失的，因此应该戴上深色帽子，羊毛的滑雪帽是较好的选择。

（4）带上暖手宝，以随时保持手的温暖。

（5）准备活动时要做更充分、幅度更大的伸展，在每次击球前再次做做伸展，以免因为气温低而使肌肉运动受到限制。

（6）在两次击球之间可以走得更快点，以产生更大的热量。

（7）将注意力集中在自己所能控制的方面，比如自己的下一次击球。

三、避免浑身湿透

在高尔夫球比赛中遇到下雨天是非常常见的，如果准备不够充分，突如其来的雨水也会毁掉一场精彩而愉快的比赛。

注意事项如下：

（1）使用结实、能防风的雨伞。

（2）球包里多装一些手套，以便及时更换。

（3）在伞里面多带一条毛巾。

（4）一件好的防水外套或者防水雨衣是必不可少的。

（5）多带一双袜子。

（6）戴上帽子，让头部保持干燥。

（7）有时候需要把帽檐转到后面，这样在我们弯腰切球或推杆时雨水不会顺着帽檐滴下来阻挡我们的视线。

（8）尽量保持平常的步伐和节奏，不要因为天气的原因而急急忙忙地挥杆。

（9）将注意力集中在自己所能控制的方面，比如自己的比赛。

四、在大风中击球

伍兹曾三次获得英国公开赛冠军，而英国公开赛都是在以风大而著称的林克斯球场进行的，这说明伍兹是一位在大风中打球的高手。以下我们就来看看他的建议吧：当风在咆哮的时候，我希望球在空中停留的时间越短越好。这就意味着要用低重心冲击式击球——一种很低的，战胜风力影响的击球方式，这样即使是在极端强烈的狂风下我的成绩也不会受到影响。

注意事项如下：

（1）挥杆前做好三项调整：将球放在离站位稍后的中间偏右的地方；选择更长一点的球杆，以减小倾斜角度，也更容易挥杆；拉宽站位以获得更大的稳定，同时膝盖弯曲幅度比平时要更大些，有点“坐下来击球”的感觉。

（2）缩短挥杆距离，保持手部的低位，低重心冲击式击球要求的就是控制。平衡是必要条件。所以，上杆动作只有 3/4，同时要相信自己所选择的倾斜角度较小的球杆能够打出自己想要的距离。

（3）上杆和下杆都要将挥杆幅度加宽，在击中球时挥杆角度很浅，只带起很浅的草皮。一定要避免用很陡的角度去击打球的下方，否则球会高高地飞在风中而不可控制。

（4）在送杆时，手位一定要保持低位，建议在皮带以下，然后以很短的挥杆动作结束。

第五节　沙坑击球

就连伍兹都认为，沙坑球跟高尔夫球中的任何球都不同。所以，有必要将这种球位的击球单独设一节内容来讨论。

规则规定，沙坑（Bunker）是比周边低矮而且铺有沙子或裸露出地面的障碍区。沙坑分为在球道中间的正面沙坑、侧面沙坑和果岭边的沙坑。值得一提的是，白色沙坑能起到点缀球场景观的作用，但不同种类的沙子除了呈现出不同的颜色来点缀球场之外，还有它本身的特点。

注意事项如下：

（1）在比赛时，要牢记试挥杆和瞄准时杆头都不得接触到沙坑中的沙子。

（2）在果岭边的沙坑击球并不直接打到球，允许有一定的误差，把球打出沙坑就可以。

（3）为防止移动和保持稳定，双脚应牢固地踩入沙中。

一、球道沙坑

通常球道沙坑边缘较低，对击球路线高低的影响不大，击球方式需稍作调整（图 7-11）。

注意事项如下：

（1）采用正常站位，身体与目标线保持方正的状态，身体重心稍微左移。双脚应牢固地踩入沙中，一方面可以保持稳定，另一方面可以感受沙的硬度和湿度。

图 7-11 球道沙坑

（2）把球放在站立位置的后方，杆面微微开放瞄准目标，杆头微微悬空，以不触击沙为原则。

（3）选择长一点的球杆，靠近握把前端握杆，以便更好地控制杆头。

（4）在上杆之前，将下巴从胸口微微抬起以获得较高的站位。

（5）上杆比平时更陡些，这也会帮助球员先打到球，然后才是沙子。

（6）主要用手臂挥杆，以上半身（手臂和肩膀）的转动为主。保持下半身不动或稍微被动一点做蹬转动作，向前送杆时需要试着想象将挥杆延长。

（7）用70%的力量挥杆，这样会更加准确地击中球的底部。

（8）送杆时，将挥杆到高位结束，保持头部朝下直到球已经飞了出去。

如果沙坑前沿比较高而且在目标线上，那么就只能以牺牲距离为代价，选择一支较短、倾斜角度足够大的球杆将球击出沙坑就可以了。

二、果岭边沙坑

果岭边沙坑球的救球特点是：打沙不打球（图7–12）。

图7–12　果岭边沙坑

注意事项如下：

（1）采取开放式站位，让身体所有部位都排成一线——脚、髋、肩膀，对准目标的左侧。这样是为从外向内的挥杆做准备，在击球瞬间杆头会穿越沙子抵达球的位置。

（2）将杆面打开，瞄准目标的右侧。这样能增加杆面的倾斜角度，击出又高又轻柔的球，而且还可以增加杆头底部的反弹力。

（3）握杆时，左手需要放松，左手手背朝向目标的方向。

（4）将球位往前放以增加球的高弹道，同时有利于杆头更轻松地穿越沙子。

（5）因为没有必要打出很远距离，所以应该缩小上挥杆幅度，高度到达肩部就足够了。

（6）上杆时屈腕，形成陡峭上杆角度，在整个击球过程中都要保持住屈腕动作。杆头速度主要来自手和肩，所以髋和脚几乎没有什么动作。

（7）挥杆主要是由右手来控制的。在击球时，动作像是在抛一个球。向前打，不用打得很深。利用飞起的沙将球捧起，不减速，完成送杆。

（8）正如泰格所说，打果岭边的沙坑球，他所用的力量绝对不会超过他打 40 码左右球道球时的力量。

（9）用击打沙量决定击球的距离或者球的滚动。如果希望球落在果岭后继续滚动，那就瞄准球后面大概 3 英寸（约 7.62 厘米）下杆，这样会扬起大片的沙子，而球几乎不会有任何的回旋；如果希望将球打得很高同时能迅速停下来，就需要瞄准球后面大概 1 英寸（约 2.54 厘米）的位置下杆，这样的球会有比较强烈的回旋，很快能停下来。

三、“荷包蛋”打法（图 7-13）

把球的一半以上陷入沙中的球位称为“荷包蛋”，这时的首要目标是将球打出沙坑。

图 7-13 “荷包蛋”打法

注意事项如下：

（1）因为球埋得比较深，杆头就必须尽可能深地穿越沙子。所以，瞄准时应以球后大概 2 英寸（约 5.08 厘米）为下杆点。

（2）瞄准时将站位尽量拉开，以便打出一个很陡、由外向内的挥杆线路。

（3）将身体向左倾斜，保持脊柱更加垂直而不是偏向右侧。

（4）打开杆面，手的位置应位于球的前方。

（5）上杆陡峭，用力切进球后面 2 英寸处的沙中。为使上杆陡峭，可以基本没有引杆动作，球杆有直上直下的感觉。击出的球弹道较低，滚动距离较长。

（6）注意力集中在击球瞬间，不用考虑送杆动作。

（7）目标不要直接选择球洞，在“荷包蛋”与球洞之间的果岭上选择一个合适的目标点，把球击向这个区域，让球落地后滚向球洞。

在这种球位击球要忘记完美，因为这个时候不是要打出又轻柔又舒适的挥杆，而是要安全脱离困境。我们需要做出很大的努力来完成这样的击球，右手要额外施加力量。这时的挥杆方向是向下而非向前，击球后几乎做不出后续的送杆动作，因为沙子的阻力会让杆头在不到 1 英尺（约 30.48 厘米）的距离内就停下来。

四、高尔夫球中最难打的球——距果岭 30~50 码的长沙坑球

我们经常看到一些职业球员在距果岭 30~50 码的长沙坑或连着的两个沙坑中救球失误，确实，这种球位是高尔夫球中最难打的球，连伍兹都这么认为。这是因为，它对于果岭边的沙坑球的处理方法来说太远了，对于球道沙坑的处理方法来说又太近了。伍兹说，他试过用不同的球杆来打这种球，根据球停的位置，从沙坑杆到 8 号铁杆都是可以选择的。

注意事项如下：

（1）调整身体姿势。因为打这种球就像打球道中间的全挥杆一样需要做很多的身体动作，所以需要将双脚和肩膀的距离朝着目标线路稍微拉开

一些。但是不能拉得太开，否则会限制自己自由转动身体；又要足够开，以让杆头沿着朝前的线路（而不是从目标线路的内侧）靠近球。

（2）杆面要成直角，球要轻微向前。打开杆面可以增加倾斜角度，就能将球打高，但是可能不会飞足够达到果岭的距离。所以，这个时候应该将杆面上的线槽和目标线保持垂直，瞄准球位后方大概 1 英尺的地方下杆，以便击中球前只带起一点点沙子。精确就是一切：带起的沙子太多，球的飞行距离就会太短；一点沙子都不带起或者打薄的话，球就会直接飞过果岭。

（3）使用良好控制挥杆的力量。在这种球位击球，需要打出我们所能打出的最大杆头速度，所以上杆时的幅度要尽可能大，以感觉舒服为宜。挥杆时，保持头部的静止和挥杆的流畅，才能产生精准的击球。应以很大的加速度向前挥杆，并注意保持动作的充分和完整。

第八章
高尔夫球运动损伤

在高尔夫球运动过程中所发生的各种损伤统称为高尔夫球运动损伤，它的发生与运动技术的形成、训练安排、运动环境、球员的自身条件有着密切的关系。高尔夫球运动损伤对球员所造成的影响是严重的，不仅会影响正常的训练、比赛，而且会直接妨碍运动成绩提高和减少运动寿命，对于高尔夫球爱好者来说，也将影响其健康、学习和工作，妨碍其正常参与高尔夫球健身活动。

第一节　高尔夫球运动损伤的种类

一、肌肉拉伤

肌肉拉伤是高尔夫球运动中最为常见的运动损伤之一，是指肌肉主动强烈的收缩或被动过度拉长超过了肌肉本身的承受能力而造成的肌肉细微损伤、肌肉部分撕裂或完全断裂。在高尔夫球运动中，肩部肌群（三角肌）、颈部前侧肌群（胸锁乳突肌等）、颈部后侧肌群（斜方肌上部、竖脊肌颈部段等）、肘内侧肌群（屈腕、屈指肌群）、腰背肌躯干旋转肌群（腹内、外斜肌）、髋部旋转肌群（臀大肌、臀中肌、臀小肌）、大腿内收肌群、膝关节（股外斜肌、股内斜肌）和踝关节周围的肌群等都是容易发生肌肉拉伤的。

二、关节韧带扭伤

关节韧带扭伤是指在外力（一般为间接外力）的作用下，关节在运动过程中发生超出正常范围的活动，以致造成关节囊韧带的损伤。高尔夫球运动中最常见的扭伤部位是踝关节、膝关节、腰、肩关节和肘关节等。

三、腱鞘炎

腱鞘主要分布在跨越手指、手腕、肩、踝关节等部位的肌腱上，其作用是减少肌腱活动时与相邻肌腱的摩擦。腱鞘炎是由于局部运动量过大而引起的一种不适应性炎症的反应，多发生于手腕、掌指关节、脚踝侧后部、肘关节内外侧、肩前后部位等。高尔夫球运动中击球动作的特点，使得上述部位肌肉反复收缩牵拉肌腱，导致这些部位的腱鞘受到过度的摩擦和挤压而引起发炎。其症状是在做挥杆动作时感到这些部位的疼痛，平时也会有不同程度的压痛感觉。

四、肌肉痉挛

肌肉痉挛是肌肉发生非自主性强直收缩的一种表现，肌肉痉挛多在运动时间长、运动强度大的项目中出现，多由肌肉疲劳、动作不协调、寒冷刺激等引起。高尔夫球运动恰恰是一项超长时间的运动，一场比赛下来往往需要 4~5 个小时，而且需要步行 10 公里以上，所以它也是一项比较容易发生肌肉痉挛的运动。最易发生痉挛的肌肉是小腿腓肠肌，其次是足底的屈拇肌和屈趾肌。肌肉痉挛出现的主要症状是局部疼痛、僵硬，可能由运动时或运动后的损伤引起，也可能由高热、癫痫、低钙血症等疾病导致。

五、起水泡

起水泡虽然不是比较严重的运动损伤，但是在高尔夫球运动中，它在很大程度上会因影响球员的注意力而直接导致成绩不理想。如果对起水泡的部位处理不当，很有可能引起感染，最终影响到球员的训练和比赛。高尔夫球运动中容易起水泡的部位主要有拇指关节内侧、掌际与握把后部相接触的部位、前脚掌、脚趾等部位。

六、晒伤

高尔夫球运动是一项以户外运动为主的运动项目，球员经常会在阳光充足的天气下长时间在户外活动，如果不注意保护皮肤，可能会被晒伤。太阳光中的紫外线会破坏最外层的皮肤细胞，并损害微血管，使皮肤产生红肿和疼痛。严重时，皮肤可能会起水泡，球员会感到头晕目眩，也可能

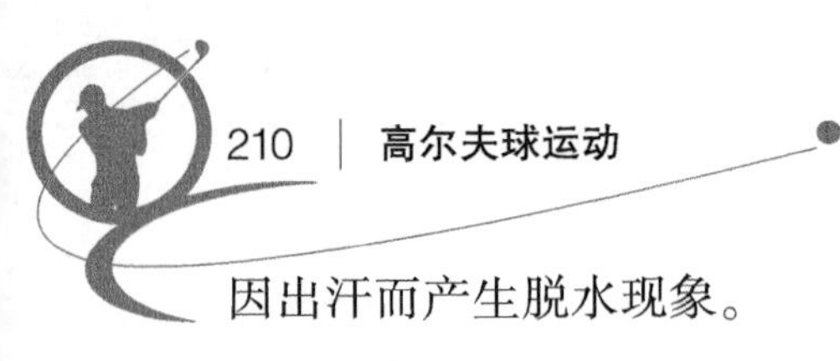

因出汗而产生脱水现象。

七、风伤

在寒冷刮风的天气下打球，如果不注意保护，冷风刮过脸颊后，脸颊可能会产生红肿的现象，其症状和感觉类似于烧伤，这是皮肤表层过度干燥引起的发炎现象。风伤和晒伤有些类似，却没有晒伤那么严重，一般几天后会自行痊愈。但是如果皮肤有感染现象或变白、起水泡，而且相当疼痛，就可能形成冻疮了，应及时去看医生。

在后续的论述中，本书不再提及晒伤和风伤，高尔夫球员和爱好者适当增加日常生活知识就可以避免这两类损伤。

第二节　高尔夫球运动损伤的发生

一、高尔夫球运动技术形成过程中损伤的发生

高尔夫球运动的核心技术就是挥杆。挥杆看似简单，其实是全身骨骼肌和运动关节参与，形成完美的动力链，以旋转为主的复杂的技术动作。因此，整个动作的各个环节的不合理都有可能造成相关部位的运动损伤，尤其是在运动技能形成的各个阶段。与其他运动项目一样，高尔夫球运动技术的形成也划分为泛化阶段、分化阶段、巩固阶段以及动作自动化阶段四个阶段。

（一）泛化阶段和分化阶段

技术形成的泛化阶段和分化阶段是掌握高尔夫球技术动作的初中期，此阶段的损伤主要出现在肘关节、手腕关节以及腰部。

在我们平时的运动中，上下肢以及身体其他部位的运动都以屈伸运动为主，而高尔夫球运动是由下而上的，以身体旋转做功为主。身体旋转运动技能的内在规律还未完全被大脑理解，大脑皮层内抑制过程尚未确立，大脑皮层中的兴奋与抑制都呈扩散状态，使条件反射暂时联系不稳定，动

作往往表现得僵硬和不协调，不该收缩的肌肉收缩，出现多余的动作，击球时打不到球，身体紧张的旋转力并未作用到球上，而作用于左侧腰和肩这两个部位，造成急性扭伤。而击球时打出剃头球或者提前击中地面，手腕和肘关节会因为受到附加的冲力而挫伤或扭伤。因此，在练习初期，一定要多想和多记忆正确动作的模式，站位时要用意念让自己放松肌肉，多进行有节奏的空挥杆练习，随着挥杆练习次数的增加慢慢进入分化阶段，动作的协调性逐渐提高，练习中肌肉过度紧张逐渐消除。由于大部分错误动作得到纠正，练习者能比较顺利和连贯地完成技术动作，当然此时的挥杆技术依然没有达到稳定的状态。

（二）巩固阶段和动作自动化阶段

高尔夫球挥杆技术的巩固阶段和动作自动化阶段是高尔夫球练习者大量击球练习的阶段，此时主要出现背肌、腰肌、膝关节等损伤。

在高尔夫球挥杆技术动作已经掌握的前提下，对于球的打击距离和准确性又有了更高的要求。这两个阶段的击球距离较前两个阶段更远，也更稳定，动作也越来越优美，成就感也随之增加，练习者很自觉地愿意多练习。在这个练习过程中，由于反复做同一动作，所以身体局部负担过大而易引起损伤，特别是膝盖和左侧腰背肌群。以右手球员为例，高尔夫球挥杆旋转动作从右侧启动，左侧需要起到支撑和平衡的作用，因而身体的左侧很容易吸收因挥杆释放而产生的能量，超量的、反复的吸收就容易造成参与工作的肌群和关节的损伤。而且，由于高尔夫球运动是一项以肌肉爆发力、身体协调力以及机体柔韧性等身体素质训练为主的运动，当挥杆能力不断提高的时候，练习者忽略了同步提高身体素质，也极易导致这些部位的损伤。

二、比赛、教学或训练课组织不当造成运动损伤

（一）运动安排不合理

一是热身运动不充分。身体某些部位肌肉的生理机能尚未达到运动强度所需的状态。

二是运动负荷过大。疲劳积累容易造成肌肉机能、力量减弱，协调性下降，产生错误的技术动作。

三是长杆练习过多。自身的肌肉弹性和力量无法支持过大的挥杆强度。

四是身体素质练习过少。不能适应或者制约挥杆技术水平的提高，在转身速度过快或挥杆力量过猛的情况下，对自身缺乏足够的保护。

（二）缺乏医务监督

对运动损伤的伤害程度认识不足，未能积极地采取医务监督的手段，让有伤病或过度训练的球员参加运动，导致运动损伤的发生，妨碍运动伤病的康复。

（三）不遵守训练原则，缺乏保护

高尔夫球训练尤其需要注重循序渐进的原则，技术的进步必须有相应的身体素质和心理素质的支撑，操之过急就可能会造成运动损伤。另外，在进行身体素质练习的过程中，缺乏对相应部位的保护，也容易发生运动损伤。

（四）竞赛组织安排不当

高尔夫球比赛都是逐洞赛，应按照要求一洞一洞完成。如果在场地中有逆向行进或者跳洞比赛的话，可能会出现被球击伤的情况。后一组球员击球时，前一组球员必须远离击球范围，否则容易被击伤。

（五）场地器材不合要求

高尔夫球杆是有重量和硬度等方面的区分的，使用不适合自身条件的球杆击球会造成一定的运动损伤。例如：女子的力量相对较弱，如果使用过重过硬的球杆会造成比较严重的运动损伤；在坑洼、泥泞、潮湿、过硬的场地打球，也容易导致各种运动损伤的发生。

三、打球者的不良生理状态造成运动损伤

打球者在自身处于疲劳、病后、精神紧张、掌汗或胼胝等情况下，还继续坚持大运动量练习时，不仅会因为体力不支而造成运动损伤，而且会因注意力下降而错误地挥杆，造成运动损伤。

四、不良的气候因素或突变的环境因素造成运动损伤

在雨后路滑、光线不足、气温过高或过低、有时差、海拔高度有变化等情况下，练习者会因为不适应环境而产生抵触情绪，挥杆会变得盲目，无法控制节奏，从而留下发生运动损伤的隐患。

第三节 高尔夫球运动损伤的预防

高尔夫球运动损伤有些由单次暴力所致，有些则是多次微小损伤累积的结果。为避免高尔夫球运动损伤，必须注意以下方面。

一、训练方法要合理

要掌握正确的训练方法和运动技术，科学地增加运动量。

（一）在练习时应循序渐进，先易后难

练习者应先小后大，逐渐加量，并最终找到适合自己的运动负荷。在初期练习时，比较安全的方法是一周 2~3 次，慢慢到最多一周 5 次，如果出现疼痛就要停止练习。不要在疼痛阶段继续练习，这样会造成永久的伤病。

如果 24 小时疼痛不减轻，须马上寻求医生的帮助。在学习技术动作时最好有教练指导，规范动作有利于技术提高，更有利于防止不必要的损伤；应先学习简单的动作，掌握基本动作以后再学习复杂动作。

对于不同性别、年龄、水平及健康状况的人，训练时在运动量的安排上应因人而异。例如，年龄小的人，应把全面身体训练和专项身体训练结合起来，并以全面身体训练为主，训练时间要短些，强度、密度要小些。

（二）在练习过程中要注重身体基本素质锻炼

要适当进行肌肉力量练习，以加强肌肉力量，增加肌肉感受性，这样可以更好地保持关节稳定性，延长运动时间。足够的肌肉力量和良好的肌肉感受性是完成各种技术动作的基本保证。

（三）在练习时应使多种球杆技术相互补充

有些人，由于兴趣原因，总是长时间重复某种球杆的练习，尤其长杆的练习，造成某些关键部位的慢性损伤。为了防止这些不必要的损伤，应当各种球杆相互配合，全面提升挥杆技术。

二、准备活动要充分

和其他运动项目一样，在高尔夫球运动中，我们发现不少运动损伤是由于准备活动不足造成的。因此，在训练前做好准备活动十分必要。准备活动可以提高中枢神经系统的兴奋性，克服机体机能活动的生理惰性，为正式训练做好准备。准备活动还能增加肌肉中毛细血管开放的数量，提高肌肉的力量、弹性和灵活性，同时可以提高关节韧带的机能，增强韧带的弹性，使关节腔内的滑液增多，防止肌肉和韧带的损伤。在进行准备活动时，既要使躯干、肢体的大肌肉群和关节充分活动开，也要注意各个小关节的活动。准备活动还应增加一些专项素质的内容。天气越冷，热身的需要时间越长。只有经过充分的准备活动，才能使肌肉和关节达到最佳的状态，才能减少运动伤害。

三、注意间隔放松

在训练中，每组练习后为了更快地消除肌肉疲劳，防止由于局部负担过重而出现运动损伤，组与组之间的间隔放松非常重要。一些球员在间隔时间内往往站在一旁不动或千篇一律地做些放松跑，这样并不能加快机体疲劳的消除，再进行下组练习时还易出现损伤。由于各个项目的练习内容不同，间隔放松的形式也应有所区别。例如：在着重于上肢练习的项目间隔时间，可做些放松慢跑；在着重于下肢练习的项目结束后，可以在垫子或草地上仰卧，将两腿举起抖动或做倒立。这样既可以促进血液的回流，改善血液的供给，也可以使活动肢体中已疲劳的神经细胞加深抑制，得到休息，对于消除疲劳及防止运动损伤有着积极意义。

四、防止局部负担过重

身体某一部分组织进行长期的、单调的练习，而不注意调整，容易积累多次、反复的损伤。这种损伤多见于关节、肌腱、肌腱的附着部位和负重的骨组织。防止积累性损伤，单纯地依靠医学治疗往往难以收到理想的效果。对微小损伤应重视治疗，停止局部训练，避免反复受伤，使受伤的组织有一个安静的修复过程和条件。在身体素质训练中运动量过分集中，会造成机体局部负担过重而引起运动损伤。例如：膝关节半蹲起跳动作过多，易引起髌骨损伤；过多地练习鸭步，可引起膝内侧副韧带及半月板的损伤。在训练中应避免单调片面的训练方法，防止局部负担量过重。

五、加强易伤部位肌肉力量练习

据统计，在运动实践中，肌肉、韧带等软组织的运动损伤最为多见。因此，加强易伤部位的肌肉力量练习，对于防止损伤的发生具有十分重要的意义。例如，加强股四头肌力量的练习可以防止膝关节损伤，而防止肩关节损伤则应加强三角肌、肩胛肌、胸大肌和肱二头肌的练习。

六、使用必要的运动护具

在许多运动中，使用运动护具是非常必要的，如手套、护腕、护膝、护肘等护具的使用，可以极大地防止很多严重的运动损伤的发生。另外，一双合适的运动鞋及相应适合自己的运动装备（如球杆等）也可明显减少运动损伤。

七、补充电解质

运动时我们会大量出汗，许多电解质成分也会随汗液排出。练习者要及时补充这些流失的电解质，否则会发生肌肉痉挛等情况，进而导致运动损伤的发生。比较简便有效的方法就是饮用运动型饮料。这些饮料中一般会含有人体所需要的各种电解质。

除上述几条以外，搞好医务监督、遵守训练原则、加强保护、注意选择好训练场地，也是预防运动损伤的重要内容。

第四节　高尔夫球运动损伤的治疗

一、运动损伤的治疗原则

（一）合理安排伤后训练

合理安排伤后训练是治疗运动损伤的首要内容，其意义在于保持球员在训练中已经获得的训练效果，一旦伤愈即能迅速投入正规训练，可以防止因伤后突然停训而引起的“停训综合征”。伤后训练可以通过肌力练习防止伤部肌肉萎缩，加强关节稳定，加速血液循环，改善伤部组织代谢与营养，消除粘连，刺激生长，缩短修复时间，还可以使伤部得到适当休息。球员受伤后应尽量避免完全停止训练。为达到合理安排的目的，必须采用“三结合”的工作方法，即医生首先根据伤情、损伤机理、解剖弱点等提出应避免或减少哪些动作，应加强哪些肌肉的练习，接着教练提出全面及伤部训练的具体计划交球员研究试用，并详细记录其反应，最后再共同修改制订新的计划。只有这样反复实践，才能使计划较为科学。

（二）使用支持带及保护带

使用支持带及保护带的目的是防止再伤和稳定已受伤关节，使球员能迅速投入训练。

（三）加强局部治疗

局部治疗如按摩、理疗、外敷药、局部封闭，对止痛、改善伤部代谢、消除水肿、加速愈合、消除疤痕粘连与萎缩等均有一定效果，但采用必须适时适当。如系严重损伤，应根据情况采用手术或非手术治疗，如石膏或夹板固定等。

（四）注意全身治疗

运动损伤的发生常与全身状态不良有关，治疗时也应注意全身状态的改善，必要时补给维生素 B_1、C、E 等。

二、运动损伤急救

这里介绍两种常见的运动损伤的简易急救技术，虽然在高尔夫球运动中不常见，但是有备无患。

（一）止血

出血可分为外出血和内出血两种。在开放性损伤中血管因受伤破裂，而致血液自伤口向体外流出称外出血。这里介绍外出血的止血法。

1. 加压包扎法

发生小的外伤而使毛细血管或小静脉出血时，流出的血液易于凝结，在伤口部盖上消毒材料，然后用三角巾或绷带加压包扎即可。

2. 指压止血法

指压止血法一般用于动脉止血，即用手指将出血动脉的近心脏端用力压向其相对的骨面，以阻断血液来源而达到临时止血的目的。

3. 止血带止血法

四肢大动脉出血，不易用加压包扎法或指压法止血时，可用止血带（橡皮带或其他代用品）缚扎于出血部的近心脏端。应用止血带，不能直接压在皮肤上，先要将上止血带的部位用三角巾、毛巾等软物包垫好，将伤肢高抬，再扎上止血带，其松紧度以能压住动脉血流为原则。缚后以肢端蜡色为宜，如果呈紫红色则以能压住动脉血流为原则适当放松，如系上肢应每隔 20~30 分钟放松一次，如系下肢应每隔 45~60 分钟放松一次。上止血带后，必须记录上止血带的部位与时间，并将伤者迅速送医疗单位。

（二）包扎

包扎有保护伤口、减少感染机会、压迫止血、固定骨折和减少伤痛的作用，是损伤急救的主要技术之一。包扎常用的材料有绷带、三角巾等。如果现场没有这些材料，可用毛巾、衣物等代替。包扎动作应力求熟练、软柔，松紧应适宜。这里介绍使用绷带或类似绷带材料的几种包扎方法。

1. 环形包扎法

环形包扎法常用于肢体较小部位的包扎，或用于其他包扎法的开始和终结。包扎时打开绷带卷，把绷带斜放在伤肢上，用手压住，将绷带绕肢体包扎一周后，再将带头和一个小角反折过来，然后继续绕圈包扎，第二圈盖住第一圈，包扎 3~4 圈即可。

2. 螺旋包扎法

采用螺旋包扎法包扎时，绷带卷斜行缠绕，每卷压着前面的一半或 1/3。此法多用于肢体粗细差别不大的部位。

3. 螺旋反折包扎法

采用螺旋反折包扎法时，用一拇指压住绷带上方，将其反折向下，压住前一圈的一半或 1/3。此法多用于肢体粗细相差较大的部位。

4. “8” 字包扎法

“8” 字包扎法多用于关节部位的包扎。在关节上方开始做环形包扎数圈，然后将绷带斜行缠绕，一圈在关节下缠绕，两圈在关节凹面交叉，反复进行，每圈压过前一圈一半或 1/3。

三、高尔夫球运动损伤常用急救处置方法

高尔夫球员损伤常用急救处置方法可概括为 RICE，具体如下。

（一）R=Rest（休息）

字母 R 代表 Rest（休息），要求球员停止受伤部位的运动，受伤后好好休息，以促进较快的复原。

（二）I=Ice（冰敷）

字母 I 代表冰敷，即将冰敷袋置于受伤部位，受伤后 48 小时内，每隔 2~3 小时冰敷 20~30 分钟。冰敷时皮肤的感觉有四个阶段：冷→疼痛→灼热→麻木。当感到麻木时就可以移开冰敷袋。大约要冰敷 20~30 分钟，移开冰敷袋之后，在受伤部位以弹性绷带包扎并抬高。

冰敷可以使血管收缩，减少伤处的肿胀、疼痛及痉挛。受伤之后立即使用冰敷，减少肿胀，可以减少复原的时间。

冰敷袋分以下两种：

第一，冰袋。以双层塑料袋或湿毛巾装入碎冰置于伤处皮肤上，若球员皮肤对冰过敏，则以一层湿的弹性绷带包着伤处，再将冰袋置于伤处，最后用剩余的弹性绷带固定冰袋。

第二，化学冷敷随身包。化学冷敷随身包中含有两种化学囊，挤压以使两种化学品混合，产生化学反应，有冷却的效果。当无法取得冰块时，化学冷敷随身包就派得上用场。但化学冷敷随身包很快会失去冷却能量，而且只能使用一次，昂贵而不实用，并有渗漏腐蚀皮肤的危险性。

使用冰敷袋的注意事项如下：

第一，冰敷袋每次使用不要超过 30 分钟，因为可能会发生冻伤或神经伤害。

第二，不要让冰敷袋直接接触皮肤，应以湿的弹性绷带或冰毛巾保护皮肤。

第三，球员如果有循环系统疾病，如雷诺氏病（肢端之间歇性苍白或发疳，系由寒冷所引起的动脉痉挛），则不可使用冰敷袋。

第四，不要太早停用冰敷袋而转用热敷，太早使用热敷会引起肿胀与疼痛，伤后二日内每天使用冰敷袋至少 3~4 次。伤害较严重的，建议在使用冰敷袋三日后且肿胀有明显消退时再使用热敷。

第五，在酷冷的环境下，不使用湿的弹性绷带或湿毛巾。

（三）C=Compression（压迫）

字母 C 代表压迫，即压迫使伤害区域的肿胀减小。以弹性绷带包扎于受伤部位，如足、踝、膝、大腿、手或手腕等部位，来减少内部出血。

包扎压迫时，从伤处几寸之下开始往上包，大约在一半左右做螺旋状重叠，以平均而加点压力的方式逐渐包上，经伤处时则应用力小一点。

以弹性绷带最大长度 70% 的紧度来包扎能获得充足的压力。观察露出脚趾或手指的颜色。若有疼痛、皮肤变色、麻痹、刺痛等症状出现，则表示包得太紧，应解开弹性绷带重包，避免肿胀。应使用弹性绷带包扎 18~24 小时。踝关节扭伤包扎时可以用 U 形衬垫加压于踝突周围。

（四）E=Elevation（抬高）

E代表抬高，即抬高伤部加上冰敷与压迫，减少血液循环至伤部，避免肿胀。伤处应高于心脏部位，且尽可能在伤后24小时内抬高伤部。当怀疑有骨折时，应先固定在夹板后再抬高，但有些骨折是不宜抬高的。

四、高尔夫球运动常见运动损伤的处理方法

（一）肌肉韧带拉伤

内因：训练水平不够，柔韧、力量、协调性差，生理结构不佳。

外因：准备活动不充分，场地、气温、湿度不适宜，教练专业水平不够。

预防：选教练、场地及适当的课程，在正常天气情况下锻炼，准备活动充分，循序渐进。

处理：24小时前为急性期，停止运动，冷敷、包扎，抬高受伤部位。24小时后为恢复期，配合按摩、微动、康复或恢复性锻炼。

（二）关节扭伤

内因：技术掌握不好，协调性差，关节周围肌肉力量小，生理结构不佳，疲劳导致体力不足。

外因：准备活动不够，场地滑，器材使用不当，教练教授内容不好（动作速度快，转、跳多）。

预防：准备活动充分，了解设备使用，循序渐进。

处理：24小时前为急性期，停止运动，冷敷、包扎，抬高受伤部位。24小时后为恢复期，配合按摩、微动、康复或恢复性锻炼。

（三）运动疲劳

表现：心悸，心跳过速，运动后血压、脉搏恢复慢，内脏感到不适，血尿，人发冷多汗，脸色白或红，头痛、头晕、身虚，感到筋疲力尽。

原因：训练方法不对，不循序渐进，运动量过大，训练时间过长，休息不充分。

预防：安排合理的训练时间、计划，注意劳逸结合。

处理：调整锻炼计划，运动量循序渐进，进行系统、全面的训练。

（四）重力性休克

表现：头晕，眼发黑，心难受，脸苍白，手发凉，严重时晕倒。

原因：运动时血液都供应下肢，突然停止运动时静脉血回流不够，脑缺血缺氧，产生脑贫血。

预防：强度运动后，不要马上停止运动。

处理：让患者平卧，脚垫高，头低于脚，从小腿顺大腿按摩。

（五）肌肉痉挛

表现：腿和腹部的疼痛和抽筋现象。

原因：经常在冷的地方锻炼，喝冷饮料，不做伸展运动和按摩，不喝盐水。

预防：注意选择良好的锻炼环境，准备活动要充分。

处理：到良好的环境中去放松、休息。

（六）运动腹痛

原因：肝脾瘀血，慢性腹部疾病，呼吸肌痉挛（准备活动不够，肺透气低，运动与呼吸不协调），胃肠痉挛（运动前吃得过饱，饭后过早运动，空腹或喝水太多）。

预防：运动前进行健康检查，合理安排运动饮食，吃饭前后 1 小时运动，不空腹，也不喝水太多。

处理：减慢运动速度，加深呼吸，调整运动呼吸节奏，手按疼痛部位，实在不行停止运动，口服减痉挛药物。

（七）脚底筋膜炎和神经刺痛

表现：脚底压力过大产生的疼痛。

原因：鞋子问题，脚的生理结构不好。

预防：准备活动要充分（包括脚部的准备活动）。

处理：注意放松休息，辅以适当按摩、热水澡。

（八）肌腱、小腿肌疼痛

原因：经常提脚跟。

预防：运动前后的准备活动和放松要多伸展肌腱、小腿肌。

处理：注意放松休息，按摩，洗热水澡，做伸展练习以减轻疼痛。

（九）半月板症

原因：一般由过度膝部动作、跑步造成，此症发生时常会有“咔”的响声。

预防：减少过多的膝部动作，减少转体、跳等撞击动作。

处理：注意放松休息，按摩，洗热水澡。

（十）关节炎、黏液囊炎

原因：过度训练。其中，骨关节炎是由软骨的磨损造成的，可使关节肿大、水肿。

处理：休息和看医生。

（十一）腰肌劳损

原因：练习方法不当（如仰卧起坐时不屈腿）、急于求成。

预防：学习正确的动作技术，不急于求成。

处理：注意放松休息，按摩，洗热水澡。

（十二）颈椎病

原因：练习方法不当（如仰卧起坐时不抱颈）、颈部运动过多。

预防：学习正确的动作技术，颈部运动不要过多。

处理：注意放松休息，按摩，洗热水澡。

（十三）胫骨膜炎

表现：胫骨前骨膜与骨有剥离的感觉，产生疲劳、酸痛感。

原因：练习方法不当，地面不平，小腿的肌肉发展不平衡，突然的压力。

预防：学习正确的锻炼方法（如不要做长时间的连续跳跃动作、上下踏板动作）。

处理：注意全面锻炼，练习后要放松休息，适当按摩，洗热水澡，做伸展练习以减少疼痛等。

五、高尔夫球运动常见部位运动损伤的预防

（一）膝关节

此部位受伤多发生在专业球员身上。以右手球员为例，为到达并保持在高水平状态，其往往需要大量的练习来巩固运动技能。

1. 股外斜肌、股内斜肌的力量练习

采用的方法为负重半蹲起。练习时双手于肩两侧握住杠铃，放置于后背肩带处（最大负重值的60%），上身直立，脚掌、脚踝、膝盖依次发力，屈膝半蹲起，不需要下蹲至最低点。保持合理的节奏，练习4~6组，每组10~15个。

2. 十字韧带、内侧副韧带及内侧半月板的拉伸练习

采用的方法为反叠法。练习时跪在垫子上以膝盖为反叠轴，身体向后倒直至背部靠近垫子。视个人能力选择适合自己的反叠程度，维持20秒，做3~5组。

（二）腰背肌肉群

这个区域的大肌群受伤的概率相当高，初期和中后期都容易受伤。

1. 大腿后侧肌群、躯干旋转肌群、下背部的拉伸练习

采用的方法为关节肌肉拉伸。练习时双腿站直体前屈，注意膝关节伸直，身体尽量绷直向腿部靠近，直至双手抱住踝关节（视个人情况而定）。其作用为拉伸大腿后部肌群以及达到调动坐骨神经的效果。

2. 背阔肌、竖脊肌、腹内外斜肌的拉伸练习

采用的方法为关节肌肉拉伸。练习时体侧屈，可使用球杆来练习，双手握住球杆，与肩同宽，伸直至头顶上方，躯干向一侧慢慢弯曲以达到拉伸另一侧肌肉的效果。注意侧屈时身体超前，以免降低拉伸效果。两侧练习方法相同，可根据个人肌肉放松度适当选择两边练习次数的差异。其作用为：运动前拉伸可以预热肌肉，更好地调动肌肉的工作能力，减少肌肉黏滞性；运动后拉伸可以消除部分乳酸，更好地恢复肌肉活力。

3. 躯干旋转肌群（腹内、外斜肌）、肩部肌群（三角肌）、髋部旋转肌群（臀大肌、臀中肌、臀小肌）的力量练习

（1）动力性力量练习。练习时双脚或单脚体侧位蹲跳，双手反握于背后，双脚并拢，左右侧跳的宽度在 1 米以上，每次跳起后至另一侧需蹲下，然后用同样方法左右连续跳 20 次，视个人体能练习 4~6 组即可。其作用为增强腿部快速力量能力，从而达到更远的打击距离。

（2）器械辅助练习。练习时负重杠铃体转（最大负重值的 50%~60%），将杠铃置于背部肩带处，双手分别在肩峰外侧握住杠铃，半蹲姿势（略低于挥杆准备姿势），上身旋转直至最大幅度，左右侧来回旋转 10~15 次为一组，练习 4~6 组即可。其作用为增加腰部旋转肌群力量，以便更好地将下肢传递上来的力量传递至背部、肩带、手臂等。

（三）颈部

颈部受伤的概率比较少，除非颈椎原本就有椎间病变或关节炎。部分人会因击球时过早抬头看球，引起颈椎不正常旋转而引发颈部损伤。受伤部位多在颈部前侧肌群（胸锁乳突肌等）、颈部后侧肌群（斜方肌上部、竖脊肌颈部段等）。

采用的方法为颈部静力性拉伸，拉伸颈部肌肉时动作应该慢且柔和。技术要领为手掌根推头部前、后、左、右四个方位，感觉颈部肌肉有拉伸感觉时，四个方位中每个方向维持此动作 15 秒左右，以此为一组，练习 3~5 组。其作用为防止颈部肌肉紧张，有助于躯干的旋转。

（四）肩关节

发生肌腱炎或撕裂伤，很多是过度主动用力或多余用力动作导致的。

动力性伸展练习部位在肩部肌群、肩部韧带、关节囊等。采用的方法为肩部动力性拉伸，注意动作节奏。

1. 持球杆震摆

双手握球杆两端，与肩同宽，至头正上方，向身体后上方有节奏地震摆，幅度可逐渐增大，20~30 次为一组，练习 3~5 组即可。其作用为运动前须热身，防止肩关节急性拉伤。

2. 翻肩

此动作难度较大，须谨慎练习以免拉伤，双手握球杆两端，手臂伸直从身体前方绕头上方翻至身体后方，然后从后方翻回前方，两手之间的宽度视个人肩关节柔韧性而定，可先选择 1 号木杆，随着热身度增加逐渐改成短杆。其作用为增加肩关节的活动范围。如遇到反作用力过大的情况，可以通过肩关节的快速旋转将力量释放掉，避免肩关节受伤。

（五）肘关节

肘关节的伤大都出现在初学者身上，受伤后的肘部即通常所说的高尔夫球肘，与网球肘出现在肱骨外上髁不同，高尔夫球肘位于手肘内侧肱上髁。这类伤需要通过抗阻力训练来恢复。练习的部位在前臂桡侧肌群，采用的方法为肘关节动力性力量练习。其作用是提高前臂桡侧肌群的力量，增加肘关节关节囊的活动性。

可以进行持哑铃屈臂练习：双手各握一个哑铃，手臂伸直放置于身体前方 30 厘米处，掌心朝前，上臂保持不动，下臂向上臂靠近，20~30 个一组，练习 4~6 组即可。

也可以进行持哑铃旋转手臂练习：双手各握一个哑铃，直臂放置于身体两侧约 15 厘米处，以手臂为旋转轴做内转和外转运动，以 30~50 次为一组，练习 3~5 组。

（六）腕关节

腕关节的伤在初期发生概率较高，原因在于：一是手掌握杆过于用力，造成肌肉紧张；二是初期技术动作不稳定，触球后反作用力回传至关节，导致受伤。所以，要采用合理的力量握杆，并适当增加腕关节肌肉群力量。

采用的方法之一为：双手十指相扣，手臂伸直，掌心朝前于胸前，手臂最大幅度向前伸张，拉伸屈腕肌群，感觉到有较强的拉伸感，维持 20~30 秒，以此为一组，练习 3~5 组。

采用的方法之二为：一手握两根铁杆，手臂伸直于胸前，以手臂为转动轴做往返的旋转运动，转动 20~30 次，以此为一组，练习 4~6 组。

作用是增加腕关节的肌肉力量，增加肌肉的灵活性。

在高尔夫球运动中，个人因身体素质和运动量不同，会产生不同的运动损伤。因此，应配合不同的体能练习手段（且不以短切杆练习为主）。

除以上常用方法外，还应特别加强有氧肌耐力的锻炼，最有效、最简单的方法就是慢跑，专业球员除专项柔韧性练习、力量练习外，也很重视有氧耐力的锻炼，可选择20~30分钟中低强度的慢跑练习来提高机体的工作能力。

第九章 高尔夫球训练的原则与方法

第一节　高尔夫球训练的原则

高尔夫球训练的原则是依据运动的客观规律确定的，对高尔夫球训练具有重要的参考价值和指导意义。

一、一般训练与专项训练相结合的原则

（一）一般训练与专项训练的理论依据

一般训练是指在运动训练中通过多种多样的身体练习、方法与手段，提高球员各器官系统的机能，全面发展球员素质，改进球员身体形态，使球员掌握一些非专项的运动技术及理论知识的训练。专项训练是指在运动训练中通过专项运动本身的动作练习以及与专项运动本身的动作在特点上相似的练习，提高球员专项运动素质，使球员掌握专项运动的技战术及理论知识的训练。

一般训练是专项训练的基础，专项训练是提高运动成绩的根本保证。专项训练水平的提高，在一定程度上讲也是一般训练水平提高的结果，专项训练成绩的提高是重要的，但必须以一般训练为基础。一般训练和专项训练是互相补充、互相渗透的。一般训练的主要目的是根据专项训练的需要，为球员提高专项运动素质、技战术水平，进而创造优异成绩打好基础。专项训练的目的是提高专项球员的运动成绩。两者的最终目标是一致的。在一般训练水平较高的情况下，也必须同时进行专项训练，即把一般训练和专项训练有机地结合起来。这是因为：

第一，人体是一个统一体，运动时各器官系统是紧密联系的，一般训练和专项训练相结合，可使各个器官系统的机能产生更强的适应性变化，这种适应性变化又依赖于机体机能的全面改善和提高。专项训练本身对球员身体机能的影响是具有一定局限性的，而采用一般训练可以弥补专项训练在这方面的不足，为提高运动成绩打下一个良好、全面的基础。

第二，各项运动素质的发展是互相影响、互为促进的。有些球员力量

素质很好，但是一般耐力素质相对差，而一般耐力素质差，就难以进行高负荷、长时间的专项训练。若要全面发展运动素质，就必须进行一般训练，这样才有助于专项素质的提高。

第三，只进行较为单一的专项训练，很容易使机体和中枢神经系统过度疲劳，而一般训练较为多样，可以帮助球员平衡发展身体的肌肉力量，并且可以起到调节中枢神经系统的作用。

第四，专项训练能直接有效地提高专项运动成绩，是提高专项运动技术的根本。如果离开专项训练而只进行一般训练，一般训练就失去了应有的意义，更谈不上提高专项运动成绩了。

（二）一般训练与专项训练的实践效果

在运动训练过程中，训练原则的选择以及训练计划的制订是一个复杂的过程，在选择一般训练与专项训练相结合的原则、制订训练计划的过程中必须考虑下列因素：球员的年龄特征，性别特征，球员专项成绩的高低，训练时期的不同，一般训练与专项训练的预期目标。

在运用一般训练与专项训练相结合的原则时，首先，一般训练内容、手段的选择要适应专项运动发展的需要，反映专项运动的特点，与专项训练紧密结合；其次，要有针对性地选择那些既能有效地提高身体机能水平，全面发展身体素质，又能促进球员掌握专项技术的练习。

任何训练原则、内容、手段的选择，都是为了使训练更恰当和适合于比赛，训练的最终目的是在比赛中取得优异的运动成绩，即提高运动成绩。所以，在运用一般训练与专项训练相结合的原则时，应考虑到两者安排的比例问题，不同时期一般训练和专项训练所占的比例也不相同。一般来说，训练准备时期一般训练多于专项训练，比赛时期则专项训练多于一般训练。不同时期的一般训练与专项训练的比例是由各个时期训练的目标和任务决定的。例如，年龄小的球员在训练的最初阶段要考虑到身体尚未发育成熟，不可能承受过大的运动负荷，应多进行全面的一般性训练，均衡发展各方面的身体素质，为日后的专项训练打好基础，不宜过早地进行专项训练。

二、系统不间断性原则

（一）系统不间断性原则的概念

系统不间断性原则是运动训练的原则之一。所谓系统不间断性，是指从少年儿童的早期训练到成年人的训练，整个训练过程要系统地、不间断地进行。贯彻这一原则的基本要求是：坚持系统的多年训练，并使每次训练周期、每个阶段、每次课有机联系起来。选择训练内容、手段和方法要考虑它们的内在联系和逻辑系统，由易到难、由浅入深地安排。训练工作的各种组织形式（如学校运动队、业余体校和优秀运动队）要层层衔接、逐级提高，科学安排训练和休息的交替，使每次训练课在球员的机体能力得到恢复和提高（即“超量恢复”）的基础上进行。

系统的不间断性训练原则是指从初期训练到出现优异运动成绩，直至运动寿命终结的长期训练过程中，都应按照一定的顺序，持续不断地进行训练。这一定义包含了两层意思：一是必须按照一定的顺序系统地进行训练；二是从基础训练阶段到运动寿命终结之时都应该持续不断地进行训练。球员训练水平的提高是一个长期的过程，通过训练，机体在身体形态、生理、生化机能和心理方面所产生的一系列适应性的变化，也是一个由少到多、由低到高渐进积累的过程，只有持续不断地进行训练，机能状态和适应性的良好变化才能得到巩固和进一步提高。运动技战术的掌握，实质上是一种暂时性神经联系的建立，是条件反射、动力定型的形成，中断训练就会使已建立起的暂时性神经联系逐渐减弱甚至中断，条件反射消退，已掌握了的技战术生疏，以致产生各种错误。

不管是谁，在锻炼的过程中，都应该有计划、按步骤、不间断地进行系统的锻炼和科学的安排，只有这样，才能保证良好的锻炼效果，不断地提高锻炼水平，最后达到预定的目的。每个人都应该根据自己所确定的短期和长期锻炼目标，有计划、持续不断地参加锻炼。

（二）系统不间断性训练的内容

运动技战术的掌握过程实质上是建立条件反射的过程，如果训练中断、暂时联系得不到强化，那么所掌握的技战术反而会消退。

机体负荷适应反应必须不断积累，由量变到质变。时断时续的训练，非但不能积累良好的适应变化，反而会降低机能水平。

（三）系统不间断性训练原则的基本要求

第一，各级训练体制，小学、初中、高中、大学等各学制阶段，层层衔接，不要因升学、转校等原因造成训练大起大落。要制定出系统的训练大纲，各层次按训练大纲的要求完成相应任务。这就是指训练体制、训练任务、训练内容一条龙。

第二，训练全过程中，上、下节课应保证连续性，下节课的安排不能在上节课疲劳恢复之前，也不能在上节课训练产生良好影响之后。

第三，避免训练和比赛过程中产生各种伤病，不致因伤病而中断或中止训练。

第四，遵循运动项目的技战术、专项素质等方面内在的逻辑联系，由易到难，循序渐进，协调发展。

三、周期性原则

（一）竞技状态形成的三个阶段

所谓周期性，是指训练工作的安排要按照一定的周期循环往复地进行，每一个新的周期都应在原有周期的基础上提高。竞技状态的形成、相对稳定、暂时性消失，是形成训练周期的客观依据。马特维耶夫创立了“训练周期”和“超量恢复”理论，对我国运动训练理论和实践产生了深远的影响。他根据人体竞技状态的形成具有周期阶段性的规律，即球员竞技状态的形成需经过“获得”、“保持”和“消失”阶段，把运动训练过程分为准备期、比赛期和过渡期。同时，他又针对不同时期的特点提出了一整套在训练目标、任务和内容上各异的训练理论。

教练通常会根据比赛的时间把年度计划划分为几个时间长短不同的阶段，如果在一年内有 2~3 场高尔夫球比赛，年度计划就应该相应地划分为 2~3 个大周期。在实际情况中，每个大周期的内容和目标很大程度上要依靠球员的身体状况和需要。根据全年比赛的次数，将全年训练计划划分为几个训练、比赛周期，每个训练、比赛周期时间的长短，都应根据本年度的训练任务、全年重大比赛的次数和球员个人的具体情况而定。每个训练、比赛周期的时间可以是2~3个月。例如，高尔夫球运动项目一年内有五次比赛，它们分别是在3月初、4月底、6月中、8月初和10月底，如果准备参加上述五次比赛，那么便可把全年训练计划分为五个训练、比赛周期，从头年11月到来年3月初为第一周期，以后几个周期类推。周期性原则的依据是竞技状态形成的客观规律，而竞技状态是指球员达到优异专项成绩所处的适宜的准备状态，是通过科学的周期化训练过程才能达到的。竞技状态形成和发展主要分为以下三个阶段：

第一，获得阶段。其中又包括前提条件和竞技状态形成阶段。前提条件形成阶段的目标是提高总的机能水平，全面发展运动素质，掌握专项运动的技战术，心理素质的初步培养。这个阶段好比积累营造竞技状态“大厦”的“建筑材料”。在竞技状态形成阶段，上述前提条件形成一个整体，具有专项化特点，竞技状态“大厦”已经建成。不过，本阶段初步形成的竞技状态还不是十分稳定，在不利因素下容易被破坏。

第二，相对稳定阶段。竞技状态的所有特征在本阶段得到完善、稳固，并在比赛中表现出来。

第三，暂时消失阶段。球员不可能永远处在竞技状态，随着活动状态和心理环境的改变，竞技状态各因素的有机联合会产生反适应的消退，使训练水平出现暂时下降。

经过以上三个阶段之后，通过调整、再训练、再提高，将会出现新的、更高水平的竞技状态。这就是科学训练的辩证法。人们根据竞技状态三个发展阶段的规律把运动训练工作过程分为三个相应的训练时期，即准备期、比赛期和休整期。

（二）周期性训练原则的基本要求

首先，根据高尔夫球运动的特点和球员自身的特点安排全年训练的周期。

其次，根据各时期的主要任务安排各种训练内容的比重和训练手段、方法以及运动负荷。

最后，认真总结前一周期的经验，为新周期的安排提供客观依据。

四、适宜负荷原则

高尔夫球训练必须遵循适宜负荷原则。所谓适宜负荷的原则，是指对机体施加的负荷刺激，既有利于提高运动能力，又能保证机能的适时适度恢复。有效的训练必须有足够的负荷，训练负荷水平适宜，才既能保证球员的身心健康，又能达到或略超出人体最大负荷承受量，从而对机体产生良性的刺激，促使机体生理机能、运动机能明显改善，达到提高运动成绩的目的。要依据人体适应规律逐步有节奏地增加负荷，直至达到新的最大负荷。球员的负荷训练须把握节奏，即大、中、小负荷相结合，使负荷作用和积极恢复协调交替。

适宜负荷原则可以从以下三个方面来阐述：一是球员对负荷的适应性，即球员承担负荷和适应负荷的程度，这是适宜负荷原则的首要条件。球员是承受的主体，负荷安排是否适宜首先要看球员身心能否接受。超过球员接受能力的负荷，不仅不能有效发展球员的竞技能力，而且还会对球员身体机能造成不同程度的破坏。二是运动负荷的有效性。教练为球员所设计的负荷必须是切实有效的，是能提高球员竞技能力的。适宜负荷不仅是负荷大小的问题，而且是负荷质量的问题，即教练所安排的运动负荷是否可以达到预期的训练和比赛目标。三是负荷安排的适时性。依据超量恢复理论，机能达到超量恢复时是机体接受下一次负荷刺激的最佳时机，能否抓住这一时机进行下一次训练是评价负荷安排适时性的重要标志。

适宜负荷不能单纯从运动的负荷量和负荷强度去考虑，还应考虑球员的年龄、性别、健康状况、竞技能力以及恢复情况等因素。教练既要根据球员不同的性别、年龄特征、健康状况及竞技能力发展水平来制订适宜的运动负荷计划，又必须根据负荷后球员生理、心理上的反应及恢复状况的反馈信息及时监控运动负荷。

教练必须具备扎实的基础理论知识和丰富的训练实践经验，特别是对所从事运动项目的特点必须有深刻理解和认识，对负荷量的控制要有科学依据，把训练中的每一组、每一次练习的负荷都设计得适宜，力求对球员产生最佳的训练效果。

训练的操作过程中最重要的一项任务是对球员负荷反应的监控，不仅要监控生理、生化指标，而且要对球员心理进行监控，其核心内容是情绪变化的监控，这一点在比赛期的训练中体现得尤为突出。

运动场上球员的情绪反应是千变万化的。积极的情绪是昂扬、兴奋的表情流露，表达的是一种内在欲望得以充分满足的快感；消极的情绪是低落、沮丧的表情流露，表达的是一种内在欲望得不到满足的痛感。不适宜的运动负荷会对球员的内在欲望造成创伤，只有适宜负荷才能激发球员的灵感和创造力，促进他们主动接受大负荷。所以，有经验的教练往往能根据球员训练中的情绪变化，有针对性地对既定负荷进行适当调节，使运动负荷更合理有效。

球员优异的运动成绩取决于系统而艰苦的运动训练，而运动训练中最关键的环节是对运动负荷的合理调控。没有适宜水平的运动负荷，要么不能发挥球员的应激能力而提高运动成绩，要么会使球员对运动负荷不适应而造成过度疲劳。所以，对球员施加适宜的运动负荷，使其机体能力和运动成绩不断提高是关键的问题。

五、区别对待原则

高尔夫球运动是个人项目，是一项充分彰显个性的运动。在运动训练中，区别对待原则显得尤为重要。区别对待原则是指对于不同的专项、不同的球员或不同的训练状态、不同的训练任务及不同的训练条件，都应有区别地组织安排各自相应的训练过程，选择相应的训练内容，给予相应的训练负荷的训练原则。根据不同球员训练中的个体特异性实施区别对待，是运动训练应遵循的重要原则之一。

在运动训练中，球员非常希望得到规律性的指导，因为规律具有普遍适用性。然而，在运动训练中大量存在着具体，每天、每时、每刻都在产生鲜活的具体，要靠我们以“具体问题具体分析”的态度来解决具体的问题，只有根据个体的实际情况有的放矢地训练，才能培养出一流的优秀球员。

区别对待原则可用在三个重要的方面，分别是运动专项、训练对象和训练条件。

（1）运动专项方面包括专项成绩的决定因素和专项成绩的发展规律。例如，高尔夫球运动需要球员具备良好的心理素质和全面的身体素质，其项目特点决定了球员通常要在较大的年龄才会进入最佳的竞技状态。

（2）第二个重要方面是训练对象。每个训练对象都有不同的生物学、心理学、社会学及训练学方面的特征，这些都是实施区别对待原则时经常需要考虑的因素。在实施的过程中可以注意以下几个因素：一是因人而异，注重个性张扬。每个人的遗传素质尤其是社会实践活动并不相同，使每个人在个性倾向性和个性心理特征方面各不相同，形成不同的个性。个性差异不仅表现在人们是否具有某种特点上，而且表现在同一特点的不同水平上。运动训练需要引导和挖掘，只有个性得到张扬才能造就一流的优秀球员。二是因材施教，突出个体特点。因材施教是运动训练遵循的最直接的原则，球员的生理、心理发展具有一定的稳定性，又有其特殊性，这就要求教练从球员实际出发，依据球员的特点，有的放矢地组织训练。三是因时制宜，区分个别情况。球员的个体差异很大，比如不同专项年限不一样，不同水平状态不一样，不同训练比赛需要不一样，同一球员在不同时期、不同任务、不同身体机能状态等情况下的表现都是不一样的，运动训练就要根据不同时期、不同人员的个别情况进行有针对性的安排。

（3）训练条件也是区别对待原则中的一个重要方面。应考虑训练所处的时期和阶段。教练应了解不同时期与阶段不同球员的不同特点，这样可以帮助教练根据不同的情况提出相应的训练要求，场地、气候、同伴、环境等都是必须考虑的因素。运动训练的重点应放在充分发展个人特点方面，而不是力图避开其短处，否则就不能展现竞技体育的魅力了。只有长处得到长足的发展，才可能把短处产生的影响降到最低。运动训练区别对待的宗旨首先是强调和发展其特点，其次才是弥补缺失，这是一个根本的指导思想，先强优后补缺，没有优根本就用不着补缺了。从对高水平球员的训练水平形成中不难发现，他们各方面的训练水平并不是均衡的。只有个人特长得到了充分发挥的球员，才能获得个人最佳的成绩。目前存在一些“集体模式化”训练行为，教练往往观察和注意到的是后面的、一般的球员情况，这样保证不了尖子球员的训练效果，并且会掩盖尖子球员的优点和长处。

第二节　高尔夫球训练的方法

高尔夫球训练的方法是提高运动水平、完成训练任务的途径。它是教练进行训练工作、完成训练任务、提高球员竞技能力的工具。正确地认识和掌握不同训练方法的功能和特点，有助于顺利地完成训练中不同时期的不同任务，有助于科学地提高球员的整体水平。

一、重复训练法

重复训练法是指多次重复同一练习，两次（组）练习之间安排充分休息的练习方法。通过同一动作或同组动作的多次重复，不断强化运动条件反射的过程，球员能够掌握和巩固技术动作；相对稳定的负荷强度的多次刺激，可使机体尽快产生较高的适应性机制，有利于球员发展和提高身体素质。

构成重复训练法的主要因素有单次（组）练习的负荷量、负荷强度，以及每两次（组）练习之间的休息时间。通常采用静止、肌肉按摩或散步等休息方式。

可以将重复训练法三种类型（短时间、中时间、长时间）的负荷时间、特点、供能形式与高尔夫球训练中相同因素的特点相结合，将重复训练法引入高尔夫球训练实践中，这对提高高尔夫球训练的科学性、实效性具有一定的现实意义。

（一）短时间重复训练法在高尔夫球训练中的应用

1. 身体训练

在高尔夫球训练中采用短时间重复训练法，可有效地提高球员的磷酸盐系统的储能和供能能力，提高球员的单个技术动作或组合技术动作运用的熟练性、规范性、技巧性，以及完成动作有关肌肉群的收缩速度和爆发力。其应用特点是：一次训练的负荷时间短，负荷强度大，动作速度快，间歇时间充分，间歇过程多采用肌肉放松方式，以便能尽快促使机体恢复机能。高尔夫球训练中身体训练应常抓不懈，注意身体训练与专项训练密切配合，做到身体训练技术化，为技术训练服务。

2. 技术训练

高尔夫球员准确、熟练、稳定地完成技术动作是获得好成绩的重要保证。在训练中采取短时间重复训练法，可以将技术动作的熟练性与运动素质中的速度、爆发力以及能量代谢系统中磷酸盐系统供能能力的训练融为一体。所以，在负荷时间短、负荷强度大、动作速度快、间歇时间充分的条件下，通过多次重复技术动作来达到技术熟练，提高技术质量，有利于球员在比赛中排除各种因素的干扰，稳定地发挥出自己应有的水平。

（二）中时间重复训练法在高尔夫球训练中的应用

1. 身体训练

在高尔夫球训练中采用中时间重复训练法是为了提高球员的糖酵解供能系统的储能和供能能力，以及糖酵解供能为主条件下的速度耐力、力量耐力及耐乳酸能力。在比赛过程中，球员在一定时间重复几十次甚至上百次挥杆动作，对球员运动能力以及混合供能能力有较高的要求。不同类型的重复训练，可以使球员适应激烈比赛对身体供能系统的要求，从而取得较好的比赛成绩。

2. 技术训练

在高尔夫球训练中，时间重复训练可以将技术的运用与身体素质中的力量耐力、速度耐力等以糖酵解供能系统为主的供能能力的训练融为一体，使其协调发展、巩固和提高，以适应比赛的需要。

（三）长时间重复训练法在高尔夫球训练中的应用

1. 身体训练

在高尔夫球员击球时，肌肉运动时间短促，从单一动作来说能量消耗不大，对体能的消耗也不显著，但要完成 18 洞的比赛，需要进行几十次甚至上百次的挥杆动作，这对球员的体能提出了很高的要求。高尔夫球训练中运用长时间重复训练法就是为了发展有氧系统供能能力，从而提高球员的综合竞技能力。

2. 技术训练

球员在一次比赛中，需要至少完成几十次挥杆动作，这对球员机体的耐酸能力提出较高的要求，而长时间重复训练法可以将种类全面的技术动作与身体素质中的专项耐力以及球员的无氧、有氧混合供能能力的训练融为一体，使球员的素质、机能、技术协调发展，以适应实际比赛的需要。

（四）在高尔夫球训练中运用重复训练法应注意的问题

第一，每次（组）练习均要保持预先确定的强度。强度的确定以球员本人所能承担的最大限度为限，一般应接近或达到比赛强度。

第二，每次（组）练习间的休息时间要充分。重复训练法每次（组）练习的强度较大，为确保每次（组）练习质量，应待机体已基本恢复时再开始下次（组）练习。

第三，确定重复次（组）数。这以球员不能按预定的强度进行练习或技术出现许多错误时为准，教练应根据球员的个体差异确定训练重复次（组）数。

第四，及时纠正错误。重复训练法在应用于技术训练时，教练应严格要求球员按技术规格练习，及时提出改进技术的要求和纠正练习的错误，避免球员形成“技术变形”。

第五，明确练习目的、作用。反复练习同一动作，内容单调，球员机体局部负担较重，容易疲劳。教练应使球员明确练习的目的、作用，提高球员练习的兴趣，这样才能取得重复练习的更好效果。

二、循环训练法

循环训练法是指根据训练的具体任务，将练习手段设置为若干个练习站，球员按照既定顺序和路线，依次完成每站练习任务的训练方法。运用循环训练法可有效地激发训练情绪，累积负荷"痕迹"，交替刺激不同体位。

具体到高尔夫球运动来讲，也就是根据高尔夫球运动的技术特点和所需要的身体素质，选择一些简单有效并与专项技术有关的练习手段，或者选择某些基本动作，改变它们的负荷、强度、时间和数量，编排成组进行循环练习。循环训练法之所以适用于高尔夫球训练，是因为它能弥补其他训练手段的不足，有本身特有的优点。运动生理研究表明：在一定范围的活动量愈大，恢复的过程也就愈长。长期的积累会出现过度疲劳，从而影响训练效果。通常训练中单一动作的过量重复，会促使肌肉加快疲劳，降低随意放松的能力，造成肌张力振幅减小，不利于动作的完成。对神经系统来讲，单调枯燥的训练内容强度大，会使大脑皮层产生超限抑制，球员会出现精神不振、训练热情减弱等现象，使训练效果下降。循环训练法在某种意义上讲是避免上述不良现象产生的一种非常好的训练方法。这种训练方法不会长时间地局限在某一项目、某一身体部位或某一动作上。它的特点是内容丰富、形式活泼，能够综合地发展运动素质和技能，并能突出重点；可以使球员获得多样的运动感觉，提高球员的练习情绪；还可利用转换现象来推迟疲劳的出现，使大脑皮层始终保持兴奋状态。循环训练法的训练内容多变，可使肌肉用力的方式较为均匀地分散在机体各个部位上，有效地减轻局部肌肉的负荷量，从而避免疲劳的积累。这一训练法对技术和素质的发展都起到积极的作用，在一定程度上实现了训练的多样性，使球员在训练的过程中可以安排更多的内容和动作，达到科学训练的目的。

当然，一个完整的训练时期不可能只采用这一种训练方法，要根据训练任务，在不同的训练阶段选用不同的训练方法。

在运用循环训练时一般要考虑下列问题：

第一，循环练习的编组。每组练习要包括发展各种身体素质的内容，并把成套动作中对身体有不同性质影响的动作相互搭配与替换。另外，所选的内容应结构简单、难度较小、便于练习。各组的项目和数量，可根据练习者的身体素质发展情况和具体的目标任务作相应的调整。

第二，循环练习的负荷量。安排循环练习的负荷量时，要确定各个项目的练习次数和强度。确定练习次数、间歇时间和循环练习的组数要根据练习者的身体情况，务必做到因人而异。根据需要，各个项目的次数一般以不超过球员极限体能的2/3为限。要求速度性练习以中上强度为宜。为了收到循环练习的更大实效，可以适当缩短每组练习的总时间或逐步提高单位时间内动作的重复次数，以加大强度。需要注意的是，在循环训练时要严格执行区别对待原则，防止过度疲劳的发生。

三、变换训练法

变换训练法是指变换运动负荷、练习内容、练习形式以及条件，以提高球员积极性、趣味性、适应性及应变能力的训练方法。变换训练法是根据实际比赛过程的复杂性、对抗程度的激烈性、运动技术的变异性、运动战术的变化性、运动能力的多样性以及中枢神经系统的灵活性等一般特性而提出的。变换练习内容，可使球员不同运动素质、运动技术和运动战术得到系统的训练和协调发展，从而使球员具有更接近实际比赛需要的多种运动能力和实际应变能力。

（一）可采用的变换训练方式

1. 变换动作的形式

变换动作的形式，目的在于利用动作本身的可变因素，有选择地变换动作形式，使之可以熟练地掌握技术。它主要是通过改变动作的做法或姿势来实现的。尽管动作的难度不一样，但关键技术要有共同点，这样既可发展专项素质，又可巩固关键技术。

2. 变换训练环境

变换训练环境，目的主要在于调节球员的心理状态。研究证明，外界环境改变时的新异刺激一定会引起练习者注意力的集中或扩散，特别是初学者。根据训练与比赛任务的需要，正确地变换训练环境，可以提高球员对外界的应变能力，激发球员的积极性和兴趣。变换训练环境一般是通过变换训练自然环境和训练气氛来实现的，在训练中常采取变换器械、训练场地、时间等手段。

3. 变换练习的条件

变换练习的条件目的在于提高或降低练习的难度，简化学习的动作过程，使球员迅速掌握动作技术或提高动作质量。在训练实践中一般是通过变换器械的长短、重量等手段来实现的。

（二）运用变换训练法应注意的几个问题

第一，运用变换训练法应从实际出发，根据训练的具体条件，有目的、有计划地采取某种变换方式，切忌单纯追求变换，特别是变换训练环境不要过于频繁。

第二，变换动作的形式时，特别注意不要改变动作的结构特点，要把握技术动作的核心，万变不离其宗，千变万变都应以技能迁移的基本规律为依据，以产生良性刺激，取得好的效果。

第三，采用变换训练方式达到目的后，应及时恢复到符合比赛规则的情况下进行训练，避免变换训练形式的动作不适应比赛要求。

第四，变换动作条件应由简到繁，由易到难，简单易行，安全可靠，避免造成心理障碍，不利于动作技术的掌握。

第五，合理地采用变换训练法并使多种变换方式相结合，达到在有限的时间内获得最佳效果是训练中较为困难、复杂的问题，教练应使每一种变换方式都在最适合解决问题的一定范围之内。

运用不同方式的变换训练法均有利于提高球员对训练和比赛的适应能力，有助于调节心理过程，调动训练积极性，加快掌握技术动作的速度，提高动作的准确性、稳定性等。

四、持续训练法

持续训练法是指负荷强度较低、负荷时间较长、无间断地连续进行练习的训练方法。持续训练法主要用于发展一般耐力素质，并有助于完善负荷强度不高但过程细腻的技术动作，可使机体运动机能在较长时间的负荷刺激下产生稳定的适应，可使内脏器官产生适应性的变化，可提高有氧代谢系统的功能以及该功能状态下有氧运动的强度，可为进一步提高无氧代谢能力及无氧工作强度奠定坚实的基础。

持续训练法可分为三个基本类型：

第一，短时持续训练法。短时持续训练法的特点是：每次持续练习的负荷时间为 5~10 分钟；负荷强度控制在每分钟心率指标平均为 150 次左右；间歇时间充分，但练习组数不多。该方法是持续训练法中应用较多的一种。该方法练习的主要目的是发展以有氧代谢为主的无氧与有氧混合供能的能力，提高以有氧代谢为主的运动强度。

第二，中时持续训练法。中时持续训练法的特点是：每次持续练习的负荷时间稍长，通常为 10~20 分钟；负荷强度是每分钟心率指标平均为 170 次左右。该方法练习的主要目的是重点发展球员有氧代谢系统的工作能力。

第三，长时持续训练法。长时持续训练法的特点是：每次持续练习的负荷时间较长，通常在 20 分钟以上；负荷强度较低，控制在每分钟心率指标平均为 160 次左右。该方法练习的主要目的是重点发展球员有氧代谢系统的供能能力，使球员能够稳定地发展有氧代谢工作状态的适应能力。

高尔夫球运动需要球员具备全面的身体素质。基于这一点，根据持续训练法的主要功能，该方法应用的主要目的是着重发展球员的有氧代谢水平，为进一步提高无氧代谢水平奠定基础。

在高尔夫球训练中，可交叉运用持续训练法。其中，在基础训练阶段或冬训阶段，采用长时持续训练法的比重较大；在专项训练阶段或竞赛期早期训练阶段，采用短时持续训练法的比重较大。这样安排的目的是通过长时持续训练法提高球员的有氧代谢水平，以及有氧与无氧代谢过程转换的能力，由此为提高无氧代谢能力奠定基础。在高尔夫球力量训练中，在采用短时持续训练法时，重点应放在力量负荷、动作速度负荷及负荷时间的安排上。

五、比赛训练法

比赛训练法是指在近似、模拟或真实、严格的比赛条件下，按比赛的规则和方式进行训练的方法。比赛训练法是根据人类先天的竞争和表现意识、竞技能力形成过程的基本规律和适应原理、现代竞技运动的比赛规则等因素而提出的一种训练方法。运用比赛训练法有助于球员全面并综合地提高专项所需要的各种竞技能力。

根据比赛训练法的训练表现和性质，可以把比赛训练法分为教学性比赛、模拟性比赛、检查性比赛、适应性比赛和正式比赛等五种类型。根据比赛训练法的释义和基本类型可以看出，比赛训练法是运动训练的重要方法之一。球员依据训练水平与训练任务可以选择不同类型的比赛训练方法，应该说比赛训练法对于不同训练水平的球员均适用。

从比赛训练法的含义中我们不难看出，比赛训练法的关键就在于竞赛时球员间的积极竞争。在技战术训练中，为了达到具体的目的，可采取各种灵活多样的互相之间比较水平高下的形式。比赛训练法的主要理论依据有以下两点：一是遵循“从难、从严、从实战需要出发”的训练原则；二是运用运动竞技能力的“迁移”理论，即通过各种形式的比赛训练法将训练中逐渐获得和形成的运动竞技能力迁移到比赛中去，创造运动成绩。

一般来说，高尔夫球初学者上手的门槛相对于其他球类运动要高。没有经过正规训练，基本功没有一定时间数量累积的情况下，是不可能进行正式比赛的。但是，高尔夫球基本功的练习非常枯燥乏味，非专业的练习者一般无法坚持完成，如果能把比赛训练法很好地应用到高尔夫球基本动作的训练教学当中，将极大地提高练习者的兴趣。曾经有人做过实验，在一次击球的训练教学课上，把参加训练的队员分成人数相等的A、B两组，在统一讲解，示范了击球的动作要点以后，A 组的队员采用比赛训练法练习，边跟教练示范练习边互相比赛，看谁的动作准确性更高、击球距离更远；B 组的队员采用一般的练习方法，自己跟着教练的示范进行练习。很快，B 组的队员出现厌烦的情绪，一段时间以后大多数对击球练习失去兴趣；而 A 组的队员从始至终都保持良好的兴趣，一直在主动练习。一节课完了以后，A 组的队员掌握初步动作的人数达到了 80% 以上，而 B 组只有 50%不到。这就是比赛训练法在高尔夫球训练中应用的一个很好例证。要把比赛训练法应用到高尔夫球训练当中，就要让球员明白，并不是只有正式规则的比赛这一种形式，能进行比赛的形式有很多，就高尔夫球运动而言，初学者击球的成功率、准确性，甚至是空手挥杆的动作优美程度，都可以是比赛训练法训练内容的一部分。

比赛训练法在实际应用中要遵循以下几个原则：

第一，根据训练所处的具体阶段，采取相应的比赛训练方式。也就是说，比赛训练的方式、内容要根据不同人的实际情况来决定，只有制定与训练者的水平相适应的比赛训练方法，才能更好地应用比赛训练法。

第二，无论采用何种比赛训练方式，都应该有明确的训练目的和具体的比赛规则及方法，这样训练者才能全力以赴达到训练目的，取得训练效果。有明确的训练目标，就是说训练必须有针对性，什么方面不足就练什么：力量不足就练力量，姿势不对就改姿势，动作不熟练就练动作。只有做到有的放矢，才能事半功倍。具体的比赛规则及方法是训练效果的保证。

第三，每次比赛训练完成以后，都应该及时做好记录，并进行小结。不管什么样的练习都不应该是盲目的练习，教练和球员都应该非常清楚地知道训练的内容是什么，训练的目的是什么，训练完成后达到了什么样的效果，还有什么地方是没有做到和做好的，这样才是真正系统有效的训练。及时做好记录是使用比赛训练法不可或缺的一部分，它能为下一步训练指明方向。每次的训练情况小结更是起到画龙点睛的作用，它能告诉你这次训练做了什么，做好了什么，收获了什么，还有什么是没有做到的，一切都能在小结中找到答案。